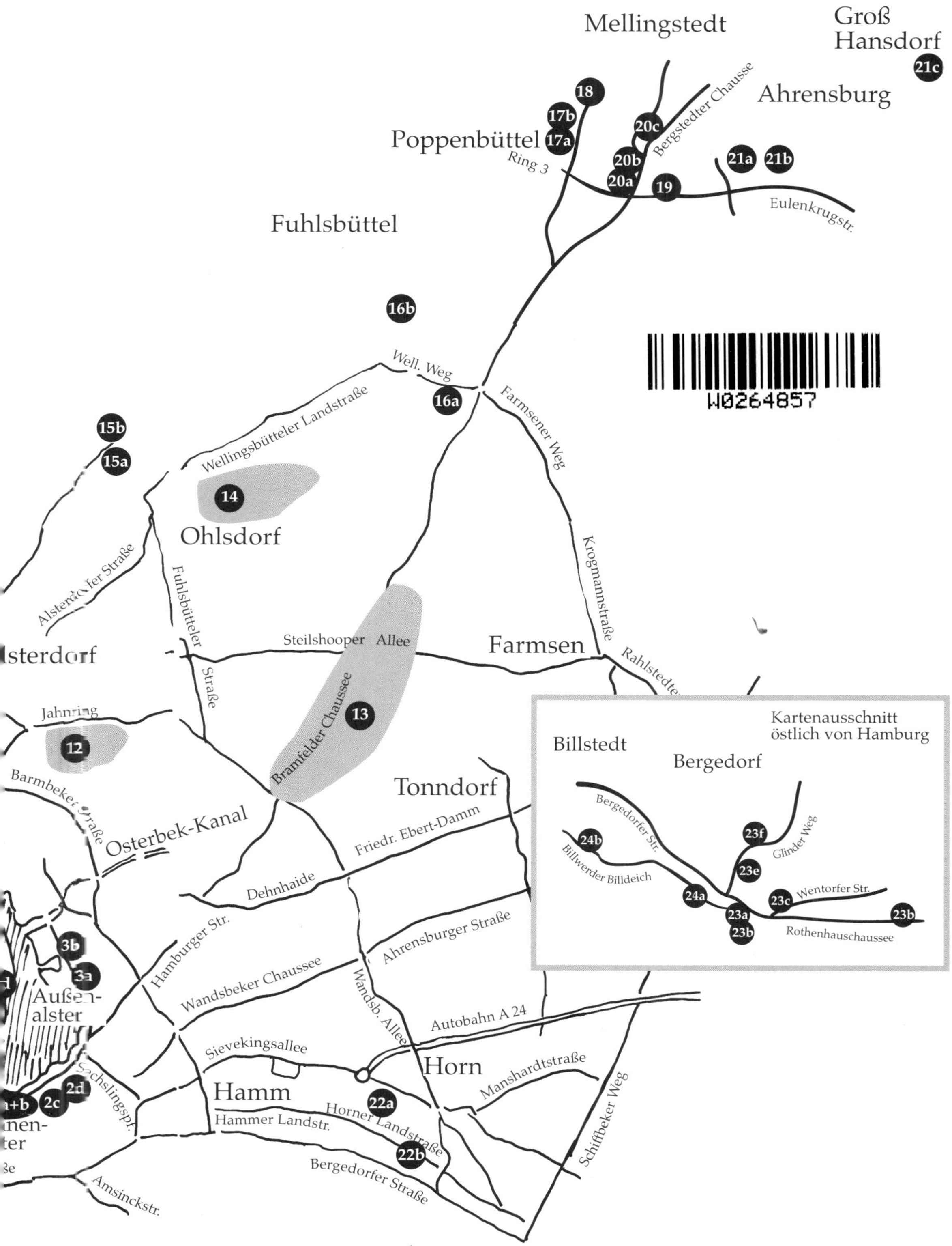

Mellingstedt
Groß Hansdorf
21c
Ahrensburg
18
17b
17a
Poppenbüttel
Bergstedter Chausse
20c
20b
20a
19
21a
21b
Ring 3
Eulenkrugstr.
Fuhlsbüttel
16b
Well. Weg
16a
Farmsener Weg
Wellingsbütteler Landstraße
15b
15a
14
Ohlsdorf
Alsterdorfer Straße
Fuhlsbütteler Straße
Krogmannstraße
Steilshooper Allee
Farmsen
Rahlstedter
Jahnring
12
Bramfelder Chaussee
13
Barmbeker Straße
Osterbek-Kanal
Tonndorf
Friedr. Ebert-Damm
Dehnhaide
Hamburger Str.
Ahrensburger Straße
3b
3a
Außenalster
Wandsbeker Chaussee
Wandsb. Allee
Autobahn A 24
Sievekingsallee
Horn
Manshardtstraße
2d
2c
Hamm
22a
Horner Landstraße
Hammer Landstr.
22b
Bergedorfer Straße
Schiffbeker Weg
Amsinckstr.
Kartenausschnitt östlich von Hamburg
Billstedt
Bergedorf
Bergedorfer Str.
24b
Billwerder Billdeich
23f
Glinder Weg
23e
24a
23c
Wentorfer Str.
23a
23b
Rothenhauschaussee

Hamburger Bäume 2000
Geschichten von Bäumen und der Hansestadt

Selbstverlag Harald Vieth
Hamburg

Für Cosima und Julian
und alle,
die Bäume als Lebewesen lieben
oder wenigstens respektieren.

Harald Vieth

Hamburger Bäume 2000

Geschichten von Bäumen und der Hansestadt

Selbstverlag Harald Vieth
Hamburg 2000

Dieses Buch ist für Euro 23,– (DM 44,98)
(ggf. zuzüglich Euro 2,– für Porto / Verpackung) erhältlich bei:
H. Vieth, Hallerstr. 8^II,
20146 Hamburg, Tel. 040 / 45 21 09, Fax: 040 / 45 03 94 76

www.hamburger-baeume.de

ISBN: 3-930961-96-2
Selbstverlag Harald Vieth, Hamburg

Satz und Scans: INPUT-VERLAG, 22567 Hamburg
Papier: chlorfrei gebleicht und säurefrei hergestellt
Druck: Clausen & Bosse, 25917 Leck

Fotos Titelseite: Trauerweide an der Oberalster, Alsterdorf, H. Vieth
Ästegewirr der „Kandelaber"-Blutbuche im Stadtpark, H. Vieth
Foto Rückseite: Rotbuche im Raureif bei Alvesen,
Nähe Wildpark Schwarze Berge, P. Wilstorf

Inhaltsverzeichnis

Liebe Baumfreundinnen und -freunde,

Vorwort

im ersten Band (1995)* stellte ich Ihnen vor allem die ältesten und aus anderen Gründen bemerkenswerte Hamburger Bäume vor.

In dem vorliegenden Buch führe ich Sie nun zu anderen interessanten und geschichtsträchtigen Bäumen in Stadtteile, die bisher überhaupt nicht oder nur unvollständig berücksichtigt wurden.

Gelegentlich verweise ich zur Ergänzung auf den Band I: „Hamburger Bäume – Zeitzeugen der Stadtgeschichte".

Lassen Sie sich durch den vorliegenden Band überzeugen, dass Sie bislang bei weitem noch nicht alle schönen und bemerkenswerten Bäume Hamburgs kennen. Diese wissen viel über sich und die Hansestadt zu berichten.

Ein Wort zur Rechtschreibung. Ich werde mich bemühen, die neuen Rechtschreibregeln zu beachten. Es ist also kein Druckfehler, wenn Sie z. B. lesen: „der raue Stängel ..." (rau analog zu grau; Stängel von Stange).

Sollten wir dieses Buch noch unter ein Motto stellen? Ich schlage Friedensreich Hundertwasser vor:

Nur wenn du den Baum liebst wie dich selbst,
wirst du überleben.

Ich wünsche Ihnen viel Freude beim Erwandern und Kennenlernen unserer Hamburger Bäume.

* „Hamburger Bäume – Zeitzeugen der Stadtgeschichte", 200 S., 140 Fotos (zum Teil s/w), DM 42,–. Solange der Vorrat reicht.

Einleitung

Bevor wir unsere Spaziergänge beginnen, möchte ich noch einige Sätze zum Thema **Bäume und Umwelt** niederschreiben.

Es ist zwar gut und löblich, wenn wir uns für unsere Bäume einsetzen. Tritt jedoch eine globale Verschlechterung der Umweltbedingungen ein, wie etwa Klimaveränderung, dann sind unsere Anstrengungen irgendwann zum Scheitern verurteilt.

Die Berechnungen und Prognosen der Klimaforscher mögen sich voneinander unterscheiden, positiv sind sie jedoch alle nicht. Somit besteht auch keinerlei Veranlassung zu irgendwelchen Verharmlosungen oder Verniedlichungen nach dem Motto: „Alles nicht so schlimm. Dat löpt sik allens trecht."

Es bleiben alarmierende Tatsachen: Unser Lebensstil und der in den anderen Industriestaaten ist weiterhin verschwenderisch, der Rohstoff- und Naturverbrauch enorm, der Ausstoß an umweltzerstörenden Schadstoffen kaum gebremst. Wenn es so weitergeht wie bisher, wird er langfristig uns und andere vernichten.

Die möglichen oder wahrscheinlichen Klimaveränderungen würden bzw. werden für die meisten Regionen der Welt negative Konsequenzen haben.

Diese lebensbedrohende negative Grundtendenz wird zurzeit gern verdrängt. Andere wichtige Probleme dürfen uns nie vergessen lassen, dass weltweit die Lebensgrundlagen aller Menschen bedroht sind. So hätten z. B. weitere Atomunfälle wie in Tschernobyl, weitere Vergiftung von Luft, Wasser und Ackerkrume verheerende Auswirkungen für große Teile der Menschheit.

aus der „Magdeburger Volksstimme"

Dementsprechend drastisch sind die Warnungen von Umweltorganisationen:

Die Zerstörung der menschlichen Lebensgrundlagen schreitet trotz aller politischen Appelle rapide voran, das war 1997 die lapidare Kernaussage der ersten Globalen Umweltprognose der GEO, Umweltorganisation der Vereinten Nationen, die auf den Erkenntnissen von 500 Wissenschaftlern beruht.

1998 sagte es Greenpeace kürzer: *Wir sind dabei, den Planeten zu kochen.*

Diese globalen Verschlechterungen spielen sich nicht irgendwo und weit von uns entfernt ab, denn der Treibhauseffekt wird sich voraussichtlich deutlich in Deutschland bemerkbar machen – wahrscheinlich sogar härter als im Weltdurchschnitt. Das meinten 1998 jedenfalls die Forscher des Fraunhofer-Instituts für Atmosphärische Umweltforschung. Nach diesen Berechnungen würden die August-Temperaturen im Laufe des nun beginnenden Jahrhunderts z. B. in Bayern um bis zu 6 °C ansteigen. Die Folgen wären Austrocknen von Flüssen, Äckern, Böden und häufige Waldbrände, da die bayrischen Nadelwälder mit ihren Holzarten nicht an so hohe Temperaturen angepasst sind.

Die orkanartigen Stürme der 1990er Jahre und der verheerende Orkan „Lothar" im Dezember 1999 sind nach Meinung vieler Experten ein Indiz für die Klimaveränderungen in Europa. Die massenweise entwurzelten Bäume zeigen deutlich, wie sehr sie durch Säureeintrag in den Boden geschwächt sind. Die erhöhte Stickstoffmenge ließ die Bäume außerdem zu schnell in die Höhe schießen.

Produzenten der Schadstoffe sind vor allem die Landwirtschaft, der Straßenverkehr und zunehmend der rasant ansteigende Luftverkehr.

Treibhausgase, Temperaturanstieg, Klimawechsel sind indirekt mitverantwortlich für Orkane und Überschwemmungen. Zu Recht fordert daher die UNEP (Umweltprogramm der Vereinten Nationen) **dringend** verstärkte Anstrengungen zur Reduzierung der Emissionen von Treibhausgasen!

Trotz der Gefährdungen gelingt es auch der neuen deutschen Regierung nur mit Mühe, auf einigen Gebieten den einen oder anderen kleinen Schritt in die richtige Richtung zu gehen. So wird beim Atomausstieg und der Ökosteuer im Wesentlichen von den

hohen Kosten geredet, aber viel zu wenig über die Gefährlichkeit der Atomenergie und die Lagerung des Atommülls, der noch Tausende von Jahren strahlen wird. Wir hören kaum Hinweise auf die Innovationsperspektiven und Einsparmöglichkeiten von Energie bei Einführung der Ökosteuer. Die geballte Kraft der Industrie, Lobbyisten aller Art und ein großer Teil der Medien stemmen sich gegen noch so kleine Veränderungen – obwohl doch **große** Veränderungen nötig wären, und diese in relativ kurzer Zeit! Im Moment scheint eher der Blick bis zum „Tellerrand" gefragt.

Panikstimmung im Sinne von „Übermorgen ist der Weltuntergang" hilft natürlich nicht weiter. Aber ungerechtfertigte Beschwichtigungen sind unangemessen und verantwortungslos. Schließlich haben wir kommenden Generationen gegenüber eine Vorsorgepflicht.

Nebenbei: Waren seinerzeit nicht die meisten Menschen der festen Überzeugung, dass die Titanic unsinkbar sei? Wir müssen also in jedem Fall auch eventuell eintretende Verschlechterungen – z.B. Klimaveränderungen – in alle unsere Überlegungen einbeziehen und vorsichtshalber rechtzeitig Vorsorge treffen bzw. umsteuern, auch wenn diese potenziellen Verschlechterungen nur eine gewisse Wahrscheinlichkeit aufweisen und derzeit noch nicht einhundertprozentig wissenschaftlich zu beweisen sind.

Erfreuen wir uns nun auf den nachfolgenden Spaziergängen an dem, was wir haben und was uns noch lange erhalten bleiben möge: an den zahlreichen schönen und interessanten Bäumen, die uns in den unterschiedlichsten Stadtteilen Hamburgs erwarten!

BUND-Postkarte

Rundgänge zu Hamburgs interessanten und geschichtsträchtigen Bäumen

● Im erweiterten Innenstadtbereich

Rundgänge

Taschentuchbaum in voller Blüte. Foto: Mai 1998 (Text S. 15)

Deutlich sind hier die kleinen Kugelblüten zu erkennen. Umgeben sind sie von weißen Hochblättern. Foto: Mai 1998 (Text S. 15)

1 Alter Botanischer Garten und Wallanlagen

U 1 Stephansplatz, Busse 102, 109, 112 Stephansplatz, S 11, S 21, S 31 Bahnhof Dammtor

1

Taschentuchbaum

Alter Botan. Garten
Stadtmitte

Im Band I berichtete ich auf den Seiten 36–42 über die Geschichte des Alten Botanischen Gartens und stellte Ihnen einige bemerkenswerte Bäume des Geländes vor.

Den heutigen Rundgang beginnen wir mit einem spektakulären Exoten, dem **Taschentuchbaum** *(Davidia involucrata Baill.)*, von dem es in Hamburg wohl insgesamt nur ein halbes Dutzend Exemplare gibt. Zu kalt und unwirtlich sind für ihn die hiesigen Gefilde.

Wir betreten den Alten Botanischen Garten – seit 1986 in Planten un Blomen integriert – beim Eingang unmittelbar hinter der U-Bahn-Station Stephansplatz und folgen dem ersten Weg nach rechts. Der zweite Baum rechts des Weges, auf den wir nach knapp 50 Metern treffen, ist der Taschentuchbaum, 8 Meter von der großen doppelstämmigen Bergulme (Bd. I, S. 41 f.) entfernt.

Dieser Taubenbaum macht durch seinen in 2 Metern Höhe gekappten Stamm im unbelaubten Zustand einen unproportionierten und eher kläglichen Eindruck. Aber warten Sie ab und besuchen Sie ihn zur Blütezeit im Mai! Dann verdecken sein Laub und seine wunderbaren weißen „Blüten“ barmherzig den tristen Stamm.

Taschentuchbaum ist sein volkstümlicher Name. Er geht zurück auf die auffälligen weißen herunterhängenden „Blüten“, die – insbesondere wenn sie am Verwelken sind – den Eindruck eines über und über mit weißen Taschentüchern behängten Baumes hervorrufen. Der korrekte botanische Name ist Taubenbaum. Der erste Teil seines lateinischen Namens „Davidia“ erinnert an den französischen Missionar David, der diese Baumart 1869 in China entdeckte.

Ich setzte oben das Wort „Blüte“ absichtlich in Anführungsstriche, denn die eigentliche Blüte ist ein kleines Kügelchen von 6–20 mm. Das, was uns zunächst als weiße Blüte erscheint, sind die auffälligen immer verschieden großen bis zu 16 cm langen

Linke Seite, oben:
Hopfenbuche.
Foto: Sommer 1998
(Text S. 17)

Linke Seite, unten:
Blätter und die hopfenartigen Fruchtstände der Hopfenbuche.

und 8 cm breiten Hochblätter, welche die Kugel-Blüte umgeben. Durch sie erhält der Taschentuchbaum seinen eigentümlichen exotischen Reiz.

Neben ihren hübschen Blüten und Hochblättern bieten uns diese Bäume große herzförmige, fast lindenartige Blätter und walnussgroße dunkelgrüne Früchte, die an einem 10 cm langen Stiel hängen. Von dieser hübschen Baumart sind mir in Hamburg lediglich drei weitere Standorte bekannt: Im Stadtpark (s. Kapitel Stadtpark), an der Elbchaussee (Ecke Rulantweg; hier ist der Taschentuchbaum etwas versteckt zwischen anderen kleinen Bäumen) und im Neuen Botanischen Garten (vom Haupteingang etwa 50 m halb links, zwischen dem letzten Mammutbaum und der Wasserfläche).

Am leichtesten finden Sie die Taschentuchbäume im Blütemonat Mai, in dem sie uns am meisten begeistern.

Auf unserem Rundgang durch den Alten Botanischen Garten gehen wir denselben Weg zurück. Direkt rechts vom Eingang der U-Bahn-Station Stephansplatz (Ausgang zum Dammtor) liegt die beeindruckende Anlage des Japanischen Gartens.

Wenn Sie nun „flussaufwärts" schauen, sehen Sie an seinem linken Ufer in einer Entfernung von 15 Metern einen mittelgroßen, aber doch kräftigen Baum mit einem krummen Stamm. Hier handelt es sich um einen **Maulbeerbaum** *(Morus alba)*, der im Herbst meistens mit seinen essbaren Früchten voll beladen ist.

Wir gehen wenige Schritte weiter. Der erste Baum etwa 10 Meter links des Weges ist die bei uns sehr seltene **Hopfenbuche** *(Ostrya carpinifolia)*, die sich dicht über der Erde in drei Stämme teilt. Unterhalb der Teilung beträgt ihr Stammumfang immerhin 2,30 Meter. Ein Führer durch das Freiland des Botanischen Gartens von 1959 erwähnte diesen Baum bereits damals als „stärkere bemerkenswerte Hopfenbuche" (Fotos S. 14).

Die europäische Hopfenbuche ist im südlichen Europa heimisch. Ihre Frucht ähnelt dem Hopfen, während das Blatt wie das einer Hainbuche aussieht. Insgesamt stimmen viele Merkmale des Baumes mit denen der Hainbuche überein. Die Gattung der Hainbuche trägt den lateinischen Namen *Carpinus.* Folgerichtig bedeutet der zweite Teil des lateinischen Namens der Hopfenbuche *carpinifolia* („hainbuchenblättrig").

1

Maulbeerbaum
Hopfenbuche

Alter Botan. Garten
Stadtmitte

Linke Seite: Farnblättrige Buche mit zusammengewachsenem Stamm, unten: mit Blättern und Frucht. Fotos: Juli 1998 (Text S. 19)

(Text S. 21)

Im oben erwähnten Führer ist der Baum als *O. carpinifolia* verzeichnet. Jetzt steht auf einem Schildchen neben dem Baum der Name *O. virginiana*. Demnach wäre der Baum die Amerikanische Hopfenbuche, die aus den östlichen USA stammt.

Bevor wir beim nächsten Weg links abbiegen, lohnt es sich, einen Blick auf die gut 10 Meter von Ihnen geradeaus rechts des Weges stehenden Bäume zu werfen. Bei den ersten beiden handelt es sich um **Großblatt-Pappeln** *(Populus lasiocarpa)*, die in China heimisch sind. Sie machen durch ihre Riesenblätter ihrem Namen alle Ehre!

Wir biegen jetzt links ein, lassen die Hopfenbuche links liegen und nehmen den ersten Weg nach rechts.

Links des Weges stehen einige Rosskastanien, besonders die erste fällt ins Auge. Sie ist mit einem Umfang von 3,55 Metern die stärkste Kastanie dieser Gruppe. Sie dürfte 120–140 Jahre alt sein. Einige ihrer oberen Äste werden durch Stahlseile zusammengehalten. Sehr hübsch sind ihre großen Äste, die sich bis tief über den Abhang dicht über den Rasen neigen.

Zu unserer Rechten erblicken wir 4 Meter von uns entfernt eine **Farnblättrige Buche** *(Fagus sylvatica asplenifolia)*. Im ersten Band bezeichnete ich diese besondere Form der Rotbuche als Federbuche (Bd. I, S. 115). Die Blätter der Farnblättrigen Buche sind feiner und vor allem tief geschlitzt. Ihre Früchte sind kleiner als die der Rotbuche. Dieser spezielle Baum fällt durch seine skurrile Form auf, denn seine beiden Stämme sind in 2 Meter Höhe zusammengewachsen (Foto S. 16).

Wir folgen dem Weg im Bogen bis wir sogleich wieder an den Hauptweg kommen.

Nun sehen wir die Großblatt-Pappel wieder direkt vor uns. Wir halten uns links und biegen nach 5 Metern links in den Weg ein (Hinweisschild: Tropenhaus). Diesem Weg folgen wir knapp 100 Meter, vorbei an einer links von uns stehenden Birke. Am Wegende steht rechts eine Gemeine Kiefer, auch Föhre genannt, und links ein ziemlich großer Ginkgo.

Wir folgen nun dem großen Weg 20 Meter rechts, dann nehmen wir den ersten Weg links und stoßen nach 25 Metern auf eine Wegkreuzung. Zwischen dieser und dem Tropenhaus wachsen dicht nebeneinander zwei der bei uns seltenen **Amur-Korkbäume** *(Phellodendron amurense)*. Heimisch sind sie im Amurgebiet bis Korea. Auffällig sind die großen gefiederten Blätter und die schwarzen kleinen Steinfrüchte.

Wir schlagen den Weg links ein, lassen die beiden Korkbäume und das Tropenhaus rechts liegen und laufen geradeaus auf den sicherlich ältesten Baum des gesamten Gebietes zu, nämlich auf eine efeuumrankte **Stieleiche**, die von einem kleinen Holzzaun umgeben ist.

Der Baum mit einem Umfang von 4,70 bis 5 Metern – eine genaue Messung war wegen des Efeu-Mantels schwierig – könnte etwa 250 Jahre alt sein. Er stand auf jeden Fall schon lange hier, bevor der Botanische Garten im Jahre 1821 gegründet wurde. Apropos Gründung: Wenn Sie der Stieleiche den Rücken zukehren und in Richtung CCH-Kongress-Zentrum schauen, dann sehen Sie die etwa 100 Meter entfernte alte **Platane**, die vom Gründer und ersten Direktor des Botanischen Gartens 1821 gepflanzt wurde. Sie haben jetzt die beiden Baum-Veteranen des gesamten Gebietes fest im Blick (s. Bd. I, S. 36 f.)!

1

Amur-Korkbäume

Alter Botan. Garten Stadtmitte

Wir wenden uns dem Teich zu, gehen einige Treppen hinunter, halten uns 50 Meter links und gehen über die Johan-van-Valckenburgh-Brücke. Zu Valckenburghs Ehren finden wir die auf Seite 18 abgebildete Gedenktafel am Fuße des Hügels, auf den wir nach der Brückenüberquerung zulaufen. Sie sehen, wir befinden uns auf äußerst geschichtsträchtigem Gelände!

Hinter der Gedenktafel gehen wir einige Stufen hoch, halten uns etwas links und bewegen uns in Richtung zur Terrasse des Cafés „Schöne Aussichten". Direkt am Anfang der Terrasse, neben den Stufen, wächst ein großer **Götterbaum** *(Ailanthus altissima)*, dessen Stamm sich 1 Meter über der Erde teilt. Dieser interessanten Baumart widme ich mich ausführlich im Kapitel 5 (Eppendorf).

Jetzt gehen wir rechts weiter: In 20 Metern Entfernung, 1 Meter hinter der Terrasse, steht ein junger Baum. Es handelt sich um ein sehr junges Exemplar der in Hamburg ganz raren **Blauglockenbäume** *(Paulownia tomentosa)*, nach seinem lateinischen Namen auch als Paulownie bekannt. Er wurde 1998 als Ersatz für einen anderen Blauglockenbaum gepflanzt, der an dieser Stelle wuchs.

Übrigens steht ein weiteres Blauglockenbäumchen, das bereits geblüht hat, in Planten un Blomen. Allerdings ist diese Baumart so empfindlich, dass sie bei uns nicht jedes Jahr Blüten trägt. Am ehesten finden Sie den Baum zur Blütezeit im Mai: Sie betreten Planten un Blomen beim Fernsehturm, Eingang Rentzelstraße, gehen knapp 100 Meter geradeaus. Zwischen diesem Weg und den rechts gelegenen Wasserkaskaden steht der etwa 4 Meter hohe Baum allein zwischen den Beeten. Das Foto eines blühenden Blauglockenbaumes und weitere Einzelheiten finden Sie in Kapitel 4.

Wir folgen dem Weg parallel zur Terrasse. 10 Meter hinter dem Blauglockenbaum wachsen zu unserer Linken auf dem Hügel drei Nussbäume, die uns sehr an unsere heimischen Walnussbäume erinnern. Hier haben wir es jedoch mit **Mandschurischen Walnussbäumen** *(Juglans mandshurica)* zu tun. Ihre Früchte sind unseren Walnüssen sehr ähnlich. Ihre Blätter hingegen sind deutlich größer.

Wir folgen dem Weg geradeaus, abwärts am Ausgang vorbei, machen den Bogen nach rechts und gehen die Treppen hinunter. 10 Meter vom Ende der Treppe entfernt, halb rechts, treffen wir

1

Blauglockenbaum

Alter Botan. Garten Stadtmitte

Linke Seite, oben: Die weißen Büschel-Blüten der Stinkesche sind bei den Insekten sehr beliebt. (Text S. 22)

Linke Seite, unten: Im Oktober leuchten uns die roten Beerenfrüchte von weitem entgegen.

auf einen ungewöhnlichen und sehr reizvollen Baum, nämlich auf die aus China stammende **Stinkesche** (*Evodia* – auch *Euodia* genannt – *hupehensis*). Nur ihre gefiederten Blätter erinnern an unsere Esche, mit der sie sonst nichts gemein hat. Ihre in flachköpfigen Büscheln angeordneten weißen Blüten locken zahlreiche Insekten an. Besonders hübsch sind die roten Beerenfrüchte. Sie können diese sogar von der Jungiusbrücke aus erkennen, wenn sie Ihnen im Oktober rot entgegenleuchten (Fotos S. 20)!

Der Alte Botanische Garten bietet noch viele weitere dendrologische Kostbarkeiten. Es lohnt sich, allein weitere Entdeckungen zu wagen.

Auf einen besonderen Baum außerhalb des Geländes möchte ich Sie noch hinweisen. Wenn Sie den Gorch-Fock-Wall Richtung St. Pauli auf der rechten Seite hochgehen, steht zunächst etwa 100 Meter von der Jungiusstraße entfernt, rechts von Ihnen zwischen Weg und Zaun, eine mächtige **Platane** mit einem Umfang von fast 4 Metern. 50 Meter weiter treffen Sie dann auf eine große und auffällige Eiche.

Ihr Umfang beträgt 2,80 Meter, ihr Fuß ist hingegen erheblich breiter. Hier handelt es sich um die seltene **schmalblättrige** Form der **Traubeneiche** *(Quercus petraea cf. forma „Muscaviensis")*. Die beiden Bäume befinden sich schräg gegenüber der Hausnummer 15 des Gorch-Fock-Walls (Staatsanwaltschaftsgebäude).

Hier am Ausgang des Alten Botanischen Gartens zum Gorch-Fock-Wall endet unser erster Spaziergang. Wenn Sie den Gorch-Fock-Wall zurückgehen, erreichen Sie nach wenigen Minuten den Stephansplatz. Natürlich könnten Sie auch gleich den zweiten Rundgang anschließen, nämlich:

Unten: Der älteste Judasbaum Hamburgs im Alten Botanischen Garten (Terrasse vor dem Gewächshaus). Typisch sind seine Blüten, die auch auf den Ästen und direkt am Stamm wachsen. Foto: Mai 2000

2 Vom Stephansplatz nach St. Georg

U 1 Stephansplatz, Busse 102, 109, 112 Stephansplatz, S 11, S 21, S 31 Bahnhof Dammtor

2a

Rosskastanie

Stephansplatz
Stadtmitte

2a „Seit über 100 Jahren beobachte ich den Stephansplatz!", erzählt uns die alte Rosskastanie

Wenn nicht ich – welcher Baum sonst könnte Ihnen vom Stephansplatz und seiner Umgebung so viel berichten?, meint die alte Rosskastanie selbstbewusst. *Schließlich stehe ich hier seit über 100 Jahren! In*

Die alte Rosskastanie vom Stephansplatz. Im Hintergrund das Phrix-Haus. Foto: Mai 1996

dieser Zeit habe ich so viel erlebt, dass ich damit ein ganzes Buch füllen könnte.

Aus den ersten Jahren meines Lebens erinnere ich noch den „Dammthor-Pavillon", der kurz vor den Bahngleisen stand. Dann ein Großereignis: 1903 wurde der schöne, im Jugendstil gehaltene Dammtor-Bahnhof eingeweiht. Der kleine Pavillon verschwand. An derselben Stelle entstand der imposantere neue Dammtor-Pavillon, der in den 1920er Jahren zum Dammtor-Palast wurde und 1937 zum „Münchner Hofbräuhaus". Nach 1977 hieß das Gebäude kurzfristig „Bierpalast", 1984 wurde es eine Diskothek. Schließlich erfolgte der Abriss des pompösen Gebäudes, dessen Eröffnung einst so verheißungsvoll war. An seiner Stelle errichtete man Ende der 1990er Jahre das Großkino Cinemaxx.

Zu meinem Gegenüber: 1936 erbaute man das Gefallenendenkmal mit dem markigen Spruch „Deutschland muss leben, und wenn wir sterben müssen". Auf dazugehörigen Tafeln wurden Schlachten als „Großtaten der Vergangenheit" hervorgehoben. Als nun die letzte „Großtat", nämlich der Zweite Weltkrieg mit seinen zig Millionen Getöteten, vollendet war, empfanden viele Menschen diesen mächtigen Steinquader als militaristische Verherrlichung und im Nachhinein als eine psychologische Vorbereitung auf den großen Krieg.

1985 wurde daneben ein Gegendenkmal von Alfred Hrdlicka aufgestellt, das den Opfern von Krieg und Faschismus gewidmet ist. Aber wenn ich so hinüberschaue, fällt mir das Übergewicht des Kriegsklotzes auf: Er ist wuchtiger, dominiert und bleibt sicherlich besser im Gedächtnis haften. Ich verstehe, dass das für viele eine Provokation ist.

Nun zu meinem prächtigen Nachbarn, dem „Phrix-Haus". 1907 wurde es als „Hotel Esplanade" erbaut, 1908 eröffnet. Sein imposantes Äußeres war nichts gegen den Luxus im Innern: Großer Speisesaal für 300 Personen, Grillraum, Rauchsalon, Wintergarten, kostbare Teppiche, kunstvoller Stuck … Wer sollte das bezahlen? Vielen war der Bau zu protzig, das Hotel war nie richtig ausgelastet.

Schon acht Jahre nach der glanzvollen Eröffnung begann der Abstieg: Besitzer- und Namenswechsel, Verkleinerungen und Umbauten wechselten sich ab. Auch die 1936 erfolgten Eröffnungen des „Kabarett Esplanade" und der beliebten Tanzbar „Tarantella" konnten nicht den Konkurs in 1939 verhindern.

Nun erwarb die Phrix-AG, ein sogar im europäischen Maßstab bedeutender Hersteller von Textilrohstoffen mit mehreren großen Pro-

duktionsstätten in Deutschland, das Gebäude. Nach dem Krieg betrieb es zunächst noch ein Gastronom ohne Erfolg. 1948 wurde dann im ehemaligen großen Saal das „Esplanade-Theater" eröffnet. Es entwickelte sich schnell zu einem viel frequentierten Kino, denn es war eine Klasse für sich: nicht zu groß, barockes Interieur, Stuckdecke, Kinoorgel. 1982 wurde es endgültig geschlossen, Büros waren nun gefragt.

Die Phrix agierte glücklos. Sie hatte zu wenig Kapital. Obwohl die BASF Ende der 1960er Jahre die Phrix kaufte und mehrere Hundert Millionen DM investierte, ging die Phrix AG 1970/71 endgültig unter. Damit verlor Hamburg einige Hundert, Siegburg und Krefeld jedoch mehrere Tausend Arbeitsplätze. Direkt neben mir vor dem Eingang des Hauses gab es deswegen heftige Proteste der Angestellten zusammen mit der IG Chemie. In dem – damals auch im Fernsehen gezeigten – Dokumentarfilm von Rolf Schübel „Rote Fahnen sieht man besser" wurde der Untergang der Phrix eindrucksvoll dargestellt.

1972 erwarben die Nordwestdeutschen Volksbanken das Gebäude, die 1982 mit der Norddeutschen Genossenschaftsbank fusionierten.

Nebenbei bemerkt ist es der Phrix-AG zu verdanken, dass wir das Gebäude noch bewundern können. Sie weigerte sich über Jahre hartnäckig, seinem geplanten Abriss zuzustimmen.

Wobei wir bei einem anderen traurigen Kapitel wären. Lange vor meiner Zeit – genau gesagt zwischen 1827 und 1830 – wurde die Esplanade als klassizistische Prachtstraße mit vier Lindenreihen nach den Entwürfen von C. L. Wimmel angelegt:

300 Meter lang und 50 Meter breit, repräsentativ und großzügig. In den 1950er Jahren setzte ein einflussreicher Oberbaudirektor den Abriss sämtlicher alter Häuser beginnend unmittelbar hinter der Esplanade Nr. 37 durch! Man wollte modern sein und errichtete stattdessen „drei schmale, gut proportionierte Hochhausbaukörper". Selbige sind heute noch zu bewundern …

Es wurden klassizistische Gebäude vernichtet, die seit 1944 unter Denkmalschutz standen. Trotzdem gab sie der damalige Hamburger Denkmalpfleger zum Abriss frei – angeblich waren sie zu marode, was später von kompetenter Seite ganz energisch bestritten wurde. Letztlich sorgten zwei hochrangige Behördenvertreter für „tabula rasa" auf der Nordseite der Esplanade – sicherlich gegen den Willen der Bevölkerungsmehrheit.

Na ja, das sollen die Menschen unter sich ausmachen. Als alter Baum fehlt mir für solche geschichtslosen Entscheidungen jedes Ver-

2a

Rosskastanie

Stephansplatz
Stadtmitte

ständnis. Ich bin jedenfalls froh, dass das Phrix-Haus und ich selbst überlebt haben.

Trotz aller Veränderungen hat es in meinem Leben eine Konstante gegeben: Mein Leben lang schaute ich auf das im Neorenaissance-Stil erbaute Postdienstgebäude. Es wurde 1887 mit einer Eröffnungsrede von Heinrich von Stephan der Reichspost übergeben. Bis auf kleinere Abwandlungen ist es äußerlich fast unverändert. Welch ein Trost!

Ach, ich könnte Ihnen noch so viel von hier erzählen! Nur noch so viel zu mir persönlich: Natürlich habe ich auch schon die fast unvermeidlichen „Alterswehwehchen". Zwei Äste meiner schönen breiten Krone werden nun durch Stahltrossen zusammengehalten, mein hohler Stamm musste an zwei Stellen mit Eisenstäben stabilisiert werden. Im Laufe der vielen Jahrzehnte habe ich mir nun einen Umfang von 3,40 Metern angewachsen. Aber Sie wollen bestimmt weitergehen. Nun ja, vielleicht können Sie mir ja mal zuzwinkern, wenn Sie bei mir vorbeikommen? Ich jedenfalls freue mich über jeden Gruß!

Die alte Rosskastanie hat uns mit ihrem Redefluss leider etwas aufgehalten. Wir gehen jetzt zügig nach St. Georg. Das Haus Esplanade Nr. 37 liefert uns auf einer Tafel Einzelheiten über sich und die Esplanade. Einige Schritte weiter, kurz vor der Nr. 39, behauptet sich eine große **Gleditschie** (s. Bd. I, S. 50 ff.). Sie hat einen Umfang von 1,38 Metern und steht hier wahrscheinlich seit etwa 1960.

Wir setzen unseren Weg auf derselben Straßenseite fort, gehen über die Alte Lombardsbrücke, überqueren die Straße und laufen geradeaus auf eine kleine Grünfläche zu.

2b Die verkehrsumtoste Grünfläche Lombardsbrücke: „Klein, aber dendrologisch oho!"

Unerwartet stoßen wir hier auf zwei seltene Baumarten und auf einen Baumveteranen.

Zunächst erwartet uns ein 8 Meter hoher **Rosthaariger Streifen-Ahorn** *(Acer rufinerve)*, der 3 Meter von der Fahrbahn entfernt steht. Er ist gut 70 Jahre alt und hat einen Umfang von 1,60 Metern. Diese Baumart ist eigentlich in den Bergwäldern Japans zu Hause.

2b

Rosthaariger Streifen-Ahorn

Lombardsbrücke St. Georg

Linke Seite, oben: Die „eingerahmte" Rosskastanie. Ein historisches Foto: Der aus drei Überseecontainern errichtete „Große Triumphbogen" des Künstlers Luc Deleu wurde wenige Monate nach dieser Aufnahme demontiert. Die Galerie der Gegenwart (rechts) war noch eine Baustelle. Foto: Mai 1994 (Text S. 28)

Linke Seite, unten: Alt und neu. Im Vordergrund der blühende Baumveteran. Dahinter die neu gebaute Galerie der Gegenwart. Foto: Mai 1997

Wenige Meter weiter wächst nicht einmal einen halben Meter von der Fahrbahn entfernt eine **Schmalblättrige Esche** *(Fraxinus angustifolia)*. Ihr Alter wird auf 100 Jahre geschätzt, ihr Stammumfang beträgt 2,55 Meter. Es ist sehr beachtlich, dass dieses Exemplar so dicht am Asphalt schon viele Jahrzehnte lang durchgehalten hat.

Jetzt fällt unser Blick auf den Baumveteranen dieser Grünfläche. Vor uns erhebt sich mächtig eine etwa 150 Jahre alte **Rosskastanie**. Dieser weit ausladende Baum weist einen Stammumfang von 4,47 Metern, einen Kronen-Durchmesser von 22 Metern und eine Höhe von 16 Metern auf! In einer Höhe von 2–2,5 Metern gabelt sich der Stamm in sieben einzelne Stämmlinge (Fotos S. 26).

Auch dieser Kastanie könnten wir durchaus eine Tapferkeitsmedaille zuerkennen. Ununterbrochen rauscht der Verkehr an zwei Seiten dicht neben ihr vorbei.

Seit Ende der 1990er Jahre hat die Kastanie ein neues Gegenüber: Die Galerie der Gegenwart, für Hamburgs Kunst ein Jahrhundertbauwerk! Nicht jede(r) findet schnell Zugang zur modernen Kunst. Daher ein kleiner Tipp: Laden Sie einige nette Menschen zu einem Rundgang durch die Galerie ein. Fachkundige Führung können Sie gegen moderate Bezahlung vereinbaren. Anschließend könnten Sie z. B. im dortigen Liebermann-Café über das Erlebte plaudern.

Ich schlage Ihnen noch einen kleinen „Schlenker" vor: Gehen Sie den Glockengießerwall bis zum Ende der alten 1869 errichteten Backstein-Kunsthalle hoch. Vor dem Kuppelbau sehen Sie die 1920 aufgestellte bronzene Reiterfigur von Hermann Hahn und gleich dahinter zwei kräftige fast hundertjährige **Platanen**.

Frau Isenbart aus Bergedorf schrieb mir zu den Früchten dieser Bäume ihre poetische Assoziation: … *ihre Samenkugeln sind in meiner Fantasie die von den Singvögeln zurückgelassenen Noten ihrer Lieder.*

Wenn Sie noch ein besonders schönes Haus anschauen möchten, dann sollten Sie noch 200 Schritte über die Straße zum Georgsplatz Nr. 16 gehen. Dort steht das Niemitzhaus mit seinen Rundbogenstil-Fassaden, Baujahr 1846–48, das 1990 den Preis „Hamburgs schönste Fassade" erhielt.

Nun setzen wir unseren Rundgang beim Kastanienveteran fort, gehen die Straße Ferdinandstor entlang, unter der Eisenbahnbrücke hindurch und laufen geradewegs auf eine kleine Verkehrsinsel zu. Besonders im März/April ist sie eine wahre Augenweide, denn unter zwei schön gewachsenen **Trauerweiden** breitet sich ein bunter Teppich von blühenden Krokussen aus (Foto S. 30).

Wir wenden uns nach rechts, gehen vor dem Hotel Atlantic den Holzdamm hoch, biegen in die Rautenbergstraße ein und folgen der Georgstraße bis Nr. 3–7. Hier stehen wir nun vor dem „Dorf", den ältesten Wohnhäusern St. Georgs. Die Vorderhäuser sind 1820–1824 erbaut worden. Im Innenhof findet sich die für die Hamburger Gängeviertel typische Fachwerkbebauung mit kleinen Wohnungen. Über die Häuser hinweg lugen die Äste und Blätter einer großen **Rosskastanie**, die im Innenhof seit langem überlebt.

Früher gab es in St. Georg einen reichen Baumbewuchs und um 1800 eine Reihe von bekannten Lustgärten und Kunstgärtnereien. Berühmt war z. B. Böckmanns Garten an der Großen Allee (heute Adenauerallee) mit seinen ausgedehnten Baumplantagen.

Bereits auf 1726 – als die große Straße „An der Alster" angelegt wurde – geht ihre Begrünung mit zwei **Linden**reihen zurück. Noch früher, nämlich bereits zu Beginn des 17. Jahrhunderts, setzte sich Hieronymus Petersen für die Schaffung von zwei „Baumspaziergängen" durch den Stadtteil ein.

Wir gehen jetzt am Spaldingplatz vorbei bis zur Dreieinigkeitskirche.

Gleich hinter der Kirche beginnt die Koppel, die interessante Parallelstraße zur Langen Reihe. Auf der linken Seite, Koppel Nr. 17, erwartet uns der Torweg zum 1893 erbauten August-Heerlein-Stift. Hier am Eingang mit seiner altehrwürdigen Gedenktafel und den vielen alten Namensschildern tauchen wir in eine andere, ruhige, nostalgische Welt ein. Im ersten Innenhof in der Mitte wachsen drei Eschen, eine Linde, eine Magnolie sowie eine Eiche, mit der es eine besondere Bewandtnis hat.

2b

Schmalblättrige Esche

Lombardsbrücke St. Georg

Oben:
Trauerweiden mit buntem Krokusteppich. Foto: März 1997 *(Text S. 29)*

Links:
Trotz des eingeschränkten Platzes dürfte diese Rosskastanie ein Alter von gut 120 Jahren erreicht haben. Foto: Oktober 1998

2c Die Eiche aus der Schwarzwald-Eichel und die Rosskastanie beim August-Heerlein-Stift. Die alten Platanen des Hartwig-Hesse-Stiftes

2c

Rosskastanie

Koppel
St. Georg

Die stattliche **Stieleiche** mit einem Umfang von 2,52 Metern steht rechts des Neubaus, der nach dem Kaufmann und wohltätigen Stifter W. Zindler benannt ist. An dem Baum ist eine eiserne Tafel folgenden Inhalts befestigt:

Von Herrn
AUGUST HEERLEIN
aus dem Schwarzwald als
Eichel mitgebracht, von ihm
eigenhändig gepflanzt und
grossgezogen.

Leider ist keine Jahreszahl angegeben. Da August Heerlein von 1804–1878 lebte, vermuten wir einmal, dass der Baum um 1870 gepflanzt wurde. Somit wäre er etwa 130 Jahre alt. Hat sich Herr Heerlein nicht zwei wunderbare Denkmäler selbst gesetzt: das Stift und diese kräftige Eiche?

Wir gehen durch den Torweg in den nächsten Innenhof und stoßen unerwartet auf eine sehr starke **Rosskastanie**. Es ist erstaunlich, dass diese von allen Seiten bedrängte Kastanie so groß wurde. Ihr Umfang beträgt 4,10 Meter, geschätztes Alter: mindestens 120 Jahre.

Früher stand sie an der Rückseite des Haupthauses („Herrenhaus") des Stiftes. Das Haupthaus wurde 1912 fertiggestellt. Es stand dort, wo sich heute das Gebäude der Volksfürsorge befindet. Die Vorderfront des Haupthauses, das ein imposanter Barockgiebel schmückte, zeigte zur Straße An der Alster. Das Haupthaus brannte im Zweiten Weltkrieg völlig aus.

Wir kehren auf die Koppel zurück, gehen sie hinunter, vorbei an einer schon von weitem sichtbaren großen Rosskastanie, die von einer Mauer eingequetscht ist, und gelangen zur Ecke Schmilinskystraße, benannt nach Carl Heinrich Schmilinsky (1818–1891), dem Gründer des Schmilinsky-Stiftes. Die Eingänge der gutbür-

Haueisen
Tel. 040/32 91 91
die maler
worauf Sie sich verlassen können
Hortensia
Tschüß
mach's gut

gerlichen Häuser Schmilinsky-Straße 19 und Koppel 92 grüßen uns mit einem freundlichen „Salve".

Schauen Sie beim Haus Koppel Nr. 94 doch einmal ganz nach oben. Dort sehen Sie die Jahreszahl 1893 und darunter die alten Balkone mit den schönen schmiedeeisernen Gittern.

Durch die Schmilinskystraße spazieren wir nun zur Langen Reihe. Das Haus Nr. 92 ist ein auffälliger gotisierender Backsteinrohbau, erbaut 1871. Gehen Sie getrost durch die spitzbogige Durchfahrt in den Wohnhof und schauen sich dort ein wenig um! Übrigens verbrachte im gegenüberliegenden Haus Nr. 91 der Hamburger Dichter Hans Leip (1893–1983) seine Kinderjahre.

Nun erreichen wir sogleich einen äußerst seltenen Baum, meines Wissens der einzige seiner Gattung in der Hansestadt. Es handelt sich um den bunten **„Blumenbaum"** auf der Seitenwand des Hauses Nr. 88.

2c

„Blumenbaum"

Lange Reihe
St. Georg

Linke Seite:
Der „Blumenbaum".
Foto: Oktober 1998

Daneben erschließt sich uns wiederum eine kleine Vorstadtidylle, wenn wir durch den Torweg (Nr. 84), der durch seine Begrünung fast wie ein Laubengang wirkt, in einen Innenhof treten. In seiner Mitte wächst eine stattliche **Blutbuche**. Die umstehenden Häuser (Nr. 84, 1–5) wurden 1906/1907 erbaut. Die hübsche Blutbuche wurde sicherlich kurz darauf gepflanzt.

Wir wenden uns nun dem ältesten erhaltenen Bauwerk der einstigen Vorstadt St. Georg zu. Dieses Fachwerkgiebelhaus in der Langen Reihe Nr. 61 wurde bereits um 1620 als unbeheiztes Gartenhaus errichtet und zwischenzeitlich mehrfach renoviert.

Natürlich existieren in der Langen Reihe noch weitere sehenswerte Gebäude wie z. B. die Nummern 29, 30/32, 50, 61 oder 71 (Geburtshaus von Hans Albers). Nehmen Sie sich Zeit dafür und genießen Sie gleichzeitig das emsige Leben und Treiben in dieser Straße!

Wir setzen unseren Weg fort und biegen nach rechts in die Schmilinskystraße ein und anschließend in die Stiftstraße, an deren Anfang sich der Friedensplatz befindet. In seiner Mitte ruht der mächtige „Friedensstein", der aus einem dort gefundenen 15 Tonnen schweren Granitfindling gestaltet, mit mehrsprachigen Inschriften versehen und dann 1983 eingeweiht wurde.

Den Platz säumen neun ca. zwanzigjährige **Linden**, neben denen Bänke zu einer Verschnaufpause einladen.

Erstes
Amalien-Stift
VERTRAGET EINER DEN ANDERN IN
HALTEN DIE EINIGKEIT IM GEIST
DER LIEBE UND SEID FLEISSIG ZU
DURCH DAS BAND DES FRIEDENS

2c

Platanen

Stiftstraße
St. Georg

Wir folgen der Stiftstraße, überqueren den Steindamm und sehen linker Hand (Nr. 51) das Hartwig-Hesse-Stift. Die Hartwig-Hesse-Stiftung wurde 1826 von dem Kaufmann Hartwig Hesse als Witwen-Stift gegründet. 1943 wurde das Gebäude zerstört, 1959 an derselben Stelle nach dem alten Prinzip der Anlage neu aufgebaut.

Hinter dem Hause befindet sich ein kleiner Rosengarten mit der Büste des edlen Stifters. Nicht zufällig trägt ein Teil der Anlage den Namen „Platanen-Hof", denn vor dem Hause stehen zwei mächtige **Platanen**. Die linke, bereits einmal sanierte, weist einen Umfang von 3,90 Metern auf. Der rechte Baum bringt es sogar auf einen Umfang von 4,40 Metern. Geschätztes Alter: mindestens 130 Jahre.

In der Stiftstraße Nr. 65 ist das Erste Amalien-Stift beheimatet, das 1839/40 nach einem Entwurf von Alexis de Chateauneuf entstand, der 1999 200 Jahre alt geworden wäre. Amalie Sieveking war die Gründerin der gesamten Stiftanlage.

Sie merken es schon: In dieser Gegend „stiftet" es gewaltig. In der Tat wurden in St. Georg wegen seiner ruhigen Lage im Laufe der Zeit etliche Stifte angesiedelt.

Sicherlich fällt Ihnen ebenfalls auf, dass alle zwölf Straßenbäume in diesem Teil der Stiftstraße sowie sämtliche Straßenbäume in der daneben gelegenen Minenstraße ausschließlich kleinere und mittlere **Ginkgos** sind.

Jetzt begeben wir uns zum Allgemeinen Krankenhaus St. Georg: Minenstraße, dann Straße Berliner Tor nach links bis zur Ecke Steindamm-Lohmühlenstraße.

Linke Seite, oben:
Das 1839/40 entstandene Amalien-Stift in der Stiftstraße 65.
Foto: Februar 1997

Linke Seite, unten:
Die beiden Platanen vor dem Hartwig-Hesse-Stift haben die vorletzte Jahrhundertwende schon miterlebt.
Foto: Februar 1997

2d Der urige Trompetenbaum auf dem Gelände des Allgemeinen Krankenhauses St. Georg

Der Name geht zurück auf den Ritter St. Georg, Schutzpatron der Kreuzfahrer und Leprakranken. Das imposante Gebäude, das nach nur zweieinviertel Jahren Bauzeit 1823 eingeweiht wurde, entwickelte sich schnell zum größten Krankenhaus im deutschen Sprachraum. Die eindrucksvollste Baumgestalt des Geländes ist zweifelsohne der **Trompetenbaum**, den Sie zwischen den Häusern XS und M finden.

Auffällig und völlig ungewöhnlich ist seine Gestalt: Der Stamm teilt sich dicht über dem Boden in drei Einzelstämme. Der untere muss wegen seines Gewichtes abgestützt werden. Er „kriecht" parallel zum Erdboden. Sicherlich misst man ihm wegen seines seltsamen Wuchses eher ein zu hohes Alter zu. Aber wir sollten nicht vergessen, dass Trompetenbäume sehr schnellwüchsig sind. Vielleicht ist er „nur" zwischen 70 und 100 Jahren alt …

Es gibt aber durchaus noch eine Reihe anderer interessanter Bäume auf dem Gelände zu entdecken: eine stattliche **Hängebuche** (Trauerbuche) hinter Haus P, ein kleiner **Ginkgo** zwischen den Häusern O und P, ein mittelgroßer **Tulpenbaum** (mit Schild) links des Weges nach Haus S. Von der Terrasse der Cafeteria aus erblicken Sie in ca. 50 Metern Entfernung eine **Kaukasische Flügelnuss** (s. Bd. I, S. 67 ff.), 5 Meter dahinter steht ein mittelgroßer **Trompetenbaum**.

Unser zweiter Rundgang endet hier. Der nächste U-Bahnhof ist Lohmühlenstraße. Der Bus 108 und der Schnellbus 37 fahren durch die Lange Reihe.

3 Am Ostufer der Außenalster: Schwanenwik – Schöne Aussicht – Fährhausstraße

U 1 Lohmühlenstraße; Bus 108 und Schnellbus 37 bis AK St. Georg

3

Wildapfelbäume

Schwanenwik
St. Georg

Wir starten an der Ecke der Straßen Sechslingspforte und Schwanenwik. Hier schmeichelt unserem Auge im April / Mai das weiße Blütenmeer einer Gruppe von **Wildapfelbäumen**, die auf einer kleinen Verkehrsinsel mitten im Verkehrsgetümmel wachsen (Fotos S. 38).

Links von uns auf der Außenalster macht nun eine **Stieleiche** ganz besonderer Art auf sich aufmerksam. Sie steht allein auf der Wasserfläche. Es ist die hölzerne Menschengestalt des Künstlers Stephan Balkenhol. Das Gesamtkunstwerk heißt „Vier Männer auf Bojen" und wurde 1993 geschaffen. Die anderen drei Stieleichen-Männer schwimmen auf der Norderelbe, Süderelbe, Serrahn / Bergedorf (Foto S. 40).

Unser Mann steht dort so selbstverständlich auf der Außenalster und schaut geradeaus in die Ferne. Der Künstler Balkenhol möchte u. a., *…dass die Figur über sich und andere erzählen soll.* Ja, aber was erzählt sie uns?

Halten Sie beim Betrachten der Gestalt einmal inne und denken in aller Beschaulichkeit nach. Für mich strahlt der Mann **Ruhe** aus, aber auch Verlorenheit, Einsamkeit, gar ein wenig Traurigkeit. Und was erzählt er Ihnen? Lassen Sie Ihrer Fantasie freien Lauf!

Als ich an dem Mann im Boot vorbeifuhr, um ihn für Sie zu fotografieren, meinte ich seinen Seufzer zu hören: *Ach, könnte ich doch nur einmal für wenige Stunden fort von hier, um all die schönen Bäume rund um die Außenalster aus der Nähe betrachten zu können!*

Wir verstehen seine Sehnsucht …

Übrigens: Zwischen November und April suchen Sie die Eichenfigur leider vergebens.

Wir spazieren jetzt weiter an der Außenalster entlang, vorbei an der direkt am Wasser auf einem hohen Sockel stehenden Skulptur „Drei Männer im Boot" von Edwin Scharff. Kurz hinter der Schwanenwikbrücke können wir rechts des Weges das Denkmal

Linke Seite, oben: Erinnert Sie dieser urige Stamm des Trompetenbaumes nicht auch an ein Urwelttier? Foto: Februar 1996

Linke Seite, darunter: Der Trompetenbaum in Blüte. Foto: Juni 1996

für den Hamburger Dichter Wolfgang Borchert auf uns wirken lassen. Es heißt „Der unbehauste Dichter", wurde von Timm Ulrichs geschaffen und 1996 eingeweiht.

Der Standort steht im Zusammenhang mit dem 1989 eingeweihten Literaturhaus schräg gegenüber, Schwanenwik 38, in dem regelmäßig kulturelle Veranstaltungen stattfinden. Das Gebäude allein ist schon interessant: Es wurde 1867/68 mit Rundbogenstilfassade errichtet, 1888 folgte ein Festsaal mit Säulen, Stuck und einem poetischen Deckengemälde. Das „Café Schwanenwik" sorgt dort für das leibliche Wohl der Besucher. Nebenbei: Wenn Sie lieber im Freien direkt neben der Alster etwas zu sich nehmen wollen, dann bieten sich „Die Alsterperle", Schwanenwik 41, und das Café „Hansa Steg", Schöne Aussicht 20a an.

Wir gehen weiter und befinden uns schnell in der vornehmen Uferstraße Schöne Aussicht. In den vielen Vorgärten wachsen sehr stattliche Bäume, unter denen insbesondere **Rot-** und **Blutbuchen** die Blicke auf sich ziehen. Das Alsterufer säumen schöne **Trauerweiden** (Foto S. 45).

3a

Japanische Nelkenkirsche

Schöne Aussicht Uhlenhorst

Linke Seite, oben: Die blühenden Wildapfelbäume. Echte Augenschmeichler im Verkehrsgetümmel. Foto: Mai 1997 (Text S. 37)

Linke Seite, unten: Grünfinken sind sogar im Winter in allen Hamburger Stadtteilen anzutreffen. Hier ein hübsches Männchen auf einem „echten" Apfelbaum.

3a Die Rasenfläche Schöne Aussicht mit Edelkastanie, Trauerweiden, Ginkgos und Japanischen Nelkenkirschen

Wir gelangen sehr bald an eine ovale Rasenfläche, vor der drei große dicht nebeneinander stehende Schwarzpappeln „wachen". Auf der Rasenfläche gibt es neben der einen oder anderen kleinen Plastik mehrere interessante Bäume zu bewundern: zwei kleinere **Ginkgos** und eine den Rasen dominierende **Edelkastanie**, die durch einen runden schönen Wuchs gefällt.

Besonders attraktiv sind die im April/Mai blühenden 20 **Japanischen Nelkenkirschen** *(Prunus serolata Kanzan)*, die durch ihre hübschen Blüten den Fußgängerweg direkt neben der Straße zum Teil in einen „Blütengang" verwandeln.

Diese Zierkirschenart blüht 2–3 Wochen später als die etwas blasser und nicht so voll blühende **Japanische Zierkirsche** *(Prunus subhirtella autumnalis)*. Vergleichen Sie hierzu die ausführliche Beschreibung in Bd. I, S. 42 f. sowie 116 f.

Es lohnt sich auch, einen Blick auf die Uferzone zu werfen, denn seit 1984 ist hier ebenso wie an anderen Stellen rund um die

Außenalster ein blühender Wasserpflanzengürtel mit Schilf, Rohrkolben, Schwertlilien, Sumpfdotterblumen, Seerosen und vielen anderen Wildpflanzen geschaffen worden. Diese Pflanzen entwickelten sich zur Heimat zahlreicher Insektenarten, Fische und Vögel. Auch die Wasserqualität hat sich durch die Anpflanzungen deutlich gebessert. Ihr Schutz sollte uns allen am Herzen liegen.

Wir gehen weiter und sehen rechter Hand die Villa Schöne Aussicht 26, die von dem berühmten Architekten Martin Haller konzipiert und 1868 für einen Baumaterialienhändler errichtet wurde. Seit 1965 dient sie als Gästehaus des Senats. In ihrem Vorgarten wächst eine dekorative **Trauerbuche** (**Hängebuche**).

Die Trauerbuche, die hier am meisten Aufsehen erregte, steht jedoch jenseits der Feenteichbrücke, und zwar im Garten des Hauses Schöne Aussicht 28, rechts vom Neubau:

3b

Trauerbuche

Schöne Aussicht Uhlenhorst

Linke Seite, oben: Mann auf Boje aus Eichenholz. Was erzählt er uns? Foto: Sommer 1998 (Text S. 37)

Linke Seite, unten: „Trauerweiden-Filigran“ an der Schönen Aussicht. Foto: April 1994

3b Die Wandernde Trauerbuche und der „Jahrhundertmann“

Der damals etwa 80 Jahre alte Baum musste 1992 40 Meter „wandern“, um den Neubau des Hauses in seinem heutigen Umfang zu ermöglichen. Diese spektakuläre Aktion bedeutete: eine fünfwöchige Vorbereitungszeit, die Bewegung von 2.000 Kubikmetern Erde, Kosten von DM 300.000,–.

Die **Trauerbuche** wurde mit ihrem gewaltigen Wurzelballen aus dem Erdreich geschnitten, hydraulische Pressen drückten kräftige Bohlen unter das Wurzelwerk, dann wurde der gesamte „Kuchen“ mit dem Baum auf Gleisen zentimeterweise 40 Meter weit versetzt. Daraufhin erhielt die Trauerbuche eine eigene Bewässerungsanlage.

Nach sieben Jahren scheint der Baum die gesamte Aktion gut überstanden zu haben (Fotos S. 44). Hundertprozentig kann der Erfolg etwa nach zehn Jahren – also 2002 – festgestellt werden, wenn sich dieses Lebewesen vollständig an seinen neuen Standort gewöhnt und dort endgültig Wurzeln geschlagen hat.

Beim Transport der Trauerbuche stieß man auf diverse Fundamentreste. Einige gehörten sicherlich zu dem Anfang der 1950er Jahre von dem damals sehr bekannten Architekten Rudolf Lodders erbauten Haus, das schnell zu dem meistfotografierten

Privathaus Hamburgs wurde. An den auffälligen zweimal gewinkelten Bungalowbau ließ Lodders später auf Wunsch des Bauherrn noch ein Teehäuschen und eine Pergola anbauen. Wenn Bürgermeister Brauer Gäste der Stadt zu einer Alsterfahrt einlud, fuhr das Schiff auch jedesmal in den Feenteich, um diese Sehenswürdigkeit zu präsentieren. Es war nicht nur schön, weiß und auffällig, sondern hatte ebenfalls einen bedeutenden Symbolwert: Wenige Jahre nach Kriegsende hatte es wenigstens einer „geschafft". Bald darauf begann dann das „Wirtschaftswunder" für viele.

Umgeben war das Gebäude von einer großen Rasenfläche mit Blumen, Büschen und Bäumen. Letztere waren so groß, dass sie nur bei Nacht durch die Stadt dorthin zum Anpflanzen transportiert werden konnten. Ob unsere Trauerbuche seinerzeit vielleicht auch zu dem Haus gebracht wurde?

Der Bauherr der Sehenswürdigkeit war übrigens kein geringerer als Eduard Rhein, den man mit Fug und Recht als kleines Genie bezeichnen kann. Er selbst nannte sich der „Jahrhundertmann" – wohl nicht nur, weil er 1900 geboren wurde. Eigentlich war er ein Multitalent: Techniker, Physiker, Erfinder, Journalist, Schriftsteller.

Er verfasste u. a. technische Fachbücher, populärwissenschaftliche Abhandlungen, Romane und Kinderbücher. Er erfand das Aufsehen erregende „Füllschriftverfahren für Schallplatten", wodurch sich die Spieldauer einer Schallplatte verdoppelte und somit die Aufnahme längerer Musikstücke auf einer Schallplatte ermöglicht wurde.

Dem breiten Hamburger Publikum war Eduard Rhein in den 1950/60er Jahren bekannt als Chefredakteur der „Hörzu", die er von einem Programm-Blättchen zur größten Illustrierten Europas mit einer Auflage von vier Millionen Exemplaren entwickelte. Ab 1950 schrieb er für diese Zeitschrift seine beliebten Fortsetzungsromane, die den Nerv der Zeit und das Lebensgefühl breiter Gesellschaftsschichten trafen. Titel wie „Ein Herz spielt falsch" und „Die Toteninsel" dürften vielen Menschen auch heute noch geläufig sein.

Der äußerst populäre Igel „Mecki" wurde zwar schon in den 1930er Jahren erdacht. Rhein gelang es aber mit feinem Gespür, dieses Redaktionsmaskottchen zu einer Figur mit hohem Identi-

Linke Seite, oben: Die Japanischen Nelkenkirschen im Mai 1999: ein Baldachin aus Blüten.

Linke Seite, unten: Die nelkenartigen Blüten lassen uns träumen …

G+K

fikationswert für zahlreiche Deutsche aufzubauen. Mecki verkörperte das „Wir-Gefühl" und den guten Geist der ganzen Familie.

Ab 1952 schrieb Rhein die Texte für zwölf Mecki-Bücher – über ein Jahrzehnt ein durchschlagender Erfolg deutscher Kinderbuchliteratur.

Die Millionenauflagen seiner mehr als 30 Buchtitel erschienen unter den verschiedensten Pseudonymen wie Hans Ulrich Horster oder Adrian Hülsen.

1964 gab es einen Eklat: Eduard Rhein erhielt von seinem Verleger Axel Springer überraschend die Kündigung – nach fast 20 Jahren beispiellosen Erfolges. Er verkaufte sein Haus für DM 3,5 Millionen an Springers vierte Ehefrau Helga. Das Gebäude wurde jedoch nie bezogen, verwahrloste und verschwand eines Tages.

Eduard Rhein, Träger des Großen Bundesverdienstkreuzes, Professor ehrenhalber und Gründer der Eduard-Rhein-Stiftung verstarb 1993 in Cannes, nachdem er noch 1990 seine Autobiografie veröffentlicht hatte. Ihr Titel? „Der Jahrhundertmann".

Uns bleibt die wandernde Trauerbuche als stumme Zeugin eines außergewöhnlichen Mannes, der in Hamburg weithin vergessen ist, und eines ebenso außergewöhnlichen Hauses.

1999 machte dann das Nachbargrundstück Schöne Aussicht 29–30 Schlagzeilen. Bei dem 45-Millionen-Projekt stellte sich die Frage, ob eine bestimmte Ausnahmegenehmigung auf normalem Rechtswege erteilt wurde oder ob dabei DM 200.000,– etwas nachhalfen. Zwei prominente Nachbarn des Grundstücks – ein Hamburger Kaufmann sowie ein Entertainer – äußerten ihre starken Zweifel an der Rechtsmäßigkeit. Der Hamburger Ex-Oberbaudirektor wurde wegen Bestechlichkeit und der Bauunternehmer wegen Bestechung angezeigt. Es folgten Widerspruch und Gegenklage.

Wir gehen bis zum Ende der Schönen Aussicht vorbei an der rechts von uns liegenden 1963–1969 erbauten iranisch-schiitischen Imam-Ali-Moschee mit der weithin sichtbaren farbenfrohen Kuppel.

Auf der linken Seite hinter dem Ruderclub befindet sich eine kleine Grünfläche. In ihrer Mitte errichtete der Künstler Dan Graham 1989 seinen „Triangular Pavilion with Triangular Roof Rotated 45° for Hamburg". Sein besonderer Reiz liegt in der optischen Reflexion seiner Umgebung, die das Foto gut veranschau-

3b

Wandernde Trauerbuche

Schöne Aussicht Uhlenhorst

*Linke Seite, oben:
Eine steife Herbstbrise bürstet die Trauerweide. Rechts von ihr die Edelkastanie.
Foto: November 1996
(Text S. 39)*

*Linke Seite, außen:
Die Trauerbuche musste um 40 Meter versetzt werden.
Foto: Mai 1992*

*Linke Seite, innen:
Die Trauerbuche im Herbstlaub an ihrem neuen Standort.
Foto: November 1996*

licht: Unser Blick richtet sich nach Norden. Die Stadt befindet sich weit hinter unserem Rücken. Das Spiegelglas verursacht eine optische Täuschung.

Wir verlassen die Grünfläche und biegen in die Fährhausstraße ein. Im Vorgarten des Hauses Nr. 7 zieht eine etwas schief stehende überdurchschnittlich kräftige **Rosskastanie** unsere Blicke auf sich. Ihr Umfang: 4,30 Meter!

Auf zwei ungewöhnliche Bauwerke in dieser Straße möchte ich Sie hinweisen: Das Haus Nr. 11 wurde 1999 von dem bekannten Architekten Hadi Teherani realisiert. Es fällt durch seine Fassade auf, die durch zahlreiche Holzlamellen aufgelockert ist. Als Kontrastprogramm erwartet uns dann in der Fährhausstraße 19 eine mächtige Villa des Neuklassizismus, die 1865 von dem Architekten Eduard Ahrens errichtet wurde. Im Jahresband 1992 der „Hamburgischen Geschichts- und Heimatblätter" des Vereins für Hamburgische Geschichte beschreibt Frau Olga Seelig, Tochter des Bauherrn Cramer, ausführlich dieses Haus, das Alltagsleben der kinderreichen Familie und die Nachbarschaft.

Den Vorgarten schmückt eine stattliche **Blutbuche**, die einen Umfang von 3,65 Metern aufweist. Diese Villa ist 1998/99 geduldig und mit großem Aufwand saniert worden.

Zur Verdeutlichung meiner Ausführungen zur Schönen Aussicht folgt auf der nächsten Doppelseite eine Luftaufnahme.

Wir verlassen jetzt die Fährhausstraße, biegen links in die Herbert-Weichmann-Straße ein und überqueren die Brücke. Im Vorgarten des Hauses Nr. 16 der rechts vor uns liegenden Körnerstraße wächst eine große schlanke **Flatterulme** *(Ulmus laevis)*. Solche alten Ulmen werden in Hamburg leider immer seltener.

Rückfahrt: Bus 106 oder 108 vom Mühlenkamp.

Sie könnten natürlich noch den Rundgang Nr. 3c–g aus dem Band I anschließen. Dafür müssten Sie weiter an der Außenalster entlang durch die Bellevue und über die Krugkoppelbrücke gehen.

3b

Flatterulme

Körnerstraße
Uhlenhorst

Linke Seite, außen: Der Pavillon spiegelt etwas von der Stadt und die Stämme einiger Linden wider, die ***hinter*** *uns stehen. Das Astwerk gehört dagegen zu Pappeln, die vor uns wachsen. Foto: Januar 1998*

Linke Seite, innen: Hoch ragt die Flatterulme aus dem Vorgarten der Körnerstraße 16. Foto: Februar 1998

9
8
7
6
5
4
2
4
4
3
2
1

Welch eine schöne Vogelperspektive!
Foto: April 1999, Michael Schwartz

1 *Schöne Aussicht 28 mit „Wandernder Trauerbuche“*
2 *Einige Spitzahorne in Blüte*
3 *Neubau Schöne Aussicht 29–30*
4 *Mehrere schöne Blutbuchen*
5 *Imam-Ali-Moschee*
6 *Grünfläche mit „Triangular Pavilion“*
7 *Fährhausstr. 7: Alte Rosskastanie*
8 *Fährhausstr. 11: Neubau von Teherani*
9 *Fährhausstr. 19: Neoklassizistische Villa mit Blutbuche*

4 Harvestehude – Rotherbaum: Hoheluftbrücke – Innocentiapark – Mittelweg – Alstervorland

4a

Balsampappeln

Oberstraße
Grindelberg

Hoheluftbrücke: U 3, Bus 102, Schnellbus 35

Bevor wir unseren vierten Rundgang beginnen, möchte ich Sie auf einen in Hamburg sehr seltenen Baum hinweisen, der eigentlich in Nordamerika und Mexiko heimisch ist. Es handelt sich um eine **Klee-Ulme** *(Ptelea trifoliata L.)*. Der etwa 4 Meter hohe, etwas schief gewachsene Baum, steht nach Angaben einer älteren Bewohnerin seit mindestens 1940 im Vorgarten der Bogenstraße Nr. 15 – in 15 Minuten zu Fuß von hier zu erreichen.

Wir überqueren die Brücke des Isebekkanals, halten uns unmittelbar danach links und gehen dann am Ufer etwa 250 Meter entlang (30 Meter hinter dem Ende der kopfsteingepflasterten Straße) bis zu einer kleinen Grünanlage, die uns einige sehenswerte Bäume bietet: Gleich am Anfang auf der Rasenfläche rechts steht eine **Strauch-Rosskastanie** *(Aesculus parviflora Walt.)*, mehr ein Strauch als ein kleines Bäumchen. Die Blätter und Früchte sind der gemeinen Rosskastanie sehr ähnlich. 10 Meter halb links davon zur Mitte steht ein **Kirschbaum**, der im Frühling mit zwei verschiedenen Blütenfarben überrascht, denn ein kleinerer Teil des Baumes blüht rosarot. Ferner stehen eine **Magnolie** und eine mehrstämmige **Kaukasische Flügelnuss** auf der Rasenfläche.

Linke Seite:
Die Gruppe der Balsampappeln rechts neben dem „Katzengiebel“.
Foto: April 1997

Etwa 15 Meter links von uns an dem kleinen Weg steht ein schräger, mittelgroßer Baum (Umfang 1,20 m) der **Späten Traubenkirsche** *(Prunus serotina)*, der uns im Herbst mit zahlreichen roten und schwarzen Früchten erfreut.

4a Die Balsampappeln der Grindelhochhäuser

Wir kehren zur U-Bahn zurück, gehen den Grindelberg ein kleines Stückchen hoch und sehen links auf der anderen Straßenseite den bekannten „Katzengiebel“ (Oberstr. 2), der zum ersten Mal Ende der 1980er Jahre gemalt wurde. Rechts daneben wächst eine

Gruppe von **Balsampappeln** *(Populus balsamifera L.)*, deren klebrige Knospen im März/April einen leichten Duft ausströmen.

Sie wurden Anfang der 1950er Jahre an diese Stelle transportiert und gepflanzt. Zur Erinnerung: Die ersten beiden Grindelhochhäuser waren im April 1950 bezugsfertig. Die letzten zur Hallerstraße gelegenen Hochhäuser wurden 1956 fertig gestellt.

Wir gehen jetzt um das Katzengiebelhaus herum und die Oberstraße hoch, die überwiegend von Stiel- und Roteichen gesäumt ist, welche 1900–1920 gepflanzt wurden.

Sehr bald stoßen wir auf eine kleine Oase:

4b

Stieleiche

Innocentiapark Harvestehude

4b Der Innocentiapark: Alte Eichen, große Pappeln, schöne Buchen – aber auch „Exoten" wie Tulpen-, Schnur- und Trompetenbaum

Auch dieser Park befindet sich auf dem ehemaligen Land des Klosters „Herwerdeshude". Benannt wurde er nach Papst Innocenz IV. (1225–1254). Der Park wurde 1884/85 angelegt und war als Erholungsgebiet gedacht. Gleichzeitig sollte er aber auch den Wohnwert dieses „Neubaugebietes" steigern. Für die Bebauung galten seinerzeit strenge Regeln. Heutzutage stehen die hübschen Villen um den Park herum unter „Milieuschutz".

Der älteste und eindrucksvollste Baum des Parkes ist die **Stieleiche**, die auf dem kleinen Hügel in der Nähe der 1950 errichteten Skulptur einer nackten Frau des Künstlers C. Beckmann steht.

Die Eiche hat einen Umfang von 4,45 Metern und könnte fast 250 Jahre alt sein. Sie verlor Anfang der 1990er Jahre einen riesigen Ast, der neben ihr liegt und von Kindern gern zum Spielen benutzt wird. Dieser Baum ist eine historische Persönlichkeit: Im letzten Jahrhundert gehörte dieses Gebiet zur Harvestehuder Schäferei. Anfang der 1870er Jahre wurde empfohlen, bis zur Ausgestaltung des Parkes die entsprechende Fläche zu verpachten, allerdings unter der ausdrücklichen Bedingung, dass die „vorhandenen dreizehn alten Eichen" sorgfältig zu schützen seien. Der oben beschriebene Baum gehörte zweifelsohne dazu.

Der Park bietet einen sehr vielfältigen Baumbestand. Viele Bäume sind zwischen 70 und 100 Jahre alt.

Linke Seite, oben:
Diese Eiche ist der älteste Baum des Parkes.
Foto: April 1996

Linke Seite, unten:
Die höchsten Bäume des Parkes: zwei Silberpappeln und rechts dahinter die zwischenzeitlich bereits gefällte mächtige Schwarzpappel.
Foto: Februar 1998
(Text S. 54)

Wir beginnen unseren Rundgang am Eingang Ecke Brahmsallee/Oberstraße gegenüber den Grindelhochhäusern. Gleich links steht eine mittelgroße **Edelkastanie**.

Wir gehen jetzt bis zur Rasenfläche, an deren Rand ein kleinerer **Tulpenbaum** (*Liriodendron*) wächst (vgl. Tulpenbaum Kapitel 5). Wir gehen jetzt links herum.

Auf der Rasenfläche folgt auf eine kleine Buche ein schön gewachsener **Schnurbaum** (s. Bd I, S. 64 ff.), der sich im Spätsommer mit feinen weißen Blüten schmückt. Etwa 80 Meter weiter links des Weges fällt unser Blick auf zwei mächtige **Silberpappeln**, die höchsten Bäume des Parkes. Leider sind beide Bäume krank und werden in einigen Jahren wohl entfernt (Foto S. 52).

Rechts auf der Rasenfläche wächst ein mittelgroßer, nicht ganz gesund aussehender **Trompetenbaum**. Wir folgen dem Rundweg, auf dessen rechter Seite nun einige hohe **Eschen** und **Spitzahornbäume** zu sehen sind. Vor dem Spielplatz wachsen mehrere stattliche **Rotbuchen** und **Eichen**.

Achten Sie bitte auf den für seine Art beeindruckend großen **Eschenahorn** *(Acer negundo)*, dessen Blätter entfernt an die Esche erinnern. Die Früchte dagegen sind deutlich als „Nasenkneifer"-Ahornfrüchte erkennbar. Der Eschenahorn – auch eschenblättriger Ahorn genannt – wächst links von Ihnen direkt am Weg vor der kleinen Rollschuhbahn, etwas erhöht in einer Holzeinfassung.

Wir kommen jetzt an der anfangs erwähnten alten Eiche vorbei, die rechts von uns steht, und können noch einen Abschiedsblick auf den schönen Bestand an Rotbuchen werfen. Wir verlassen den Park scharf links, vorbei an dem historischen Toilettenhäuschen und befinden uns wieder auf der Oberstraße, die wir auf der linken Seite hochgehen. Links sehen wir die katholische Kirche St. Elisabeth, in deren Garten zwei schöne Blutbuchen stehen. Mit weiteren vier Blutbuchen an der Kreuzung Oberstraße/Hochallee stehen wir hier vor einem malerischen **Blutbuchen-Ensemble**.

Wir folgen der Oberstraße, überqueren die Rothenbaumchaussee, gehen am Gebäude des ehemaligen Israelitischen Tempelverbandes vorbei (Nr. 116–120), dessen Gedenktafel Wissenswertes über die finstere Nazi-Zeit festhält und biegen dann rechts in den Mittelweg ein.

Im Mittelweg lohnt es sich unbedingt, forschende Blicke auf die häufig alten Bäume in den Vorgärten zu werfen. Auf einige mache ich Sie aufmerksam: **Ginkgo** (Hausnr. 98), **Kaukasische Flügelnuss** (Nr. 54), **Rot-**, **Trauer-** und **Blutbuchen** (Nr. 48, 110, 113a, 116). Ein besonders großer **Tulpenbaum**, der sicherlich anlässlich des Hausbaues um die Jahrhundertwende gepflanzt wurde, grüßt uns zusammen mit einem **Walnussbaum** aus dem Vorgarten des Hauses Nr. 115a.

Jetzt befinden wir uns schon an der Endstation der Buslinie 115. Sie verdient den Beinamen:

4c

Robinien

Mittelweg
Rotherbaum

4c Die Robinien-Buskehre

Die älteste Robinie – ein Robinien-Drilling – ist wegen ihrer drei kräftigen Einzelstämme besonders eindrucksvoll. Das Foto zeigt deutlich noch andere blühende Robinien, die am oder in der Nähe dieses Platzes stehen. **Robinien** werden auch Scheinakazien oder Falsche Akazien genannt. Nicht umsonst heißt ihr lateinischer Name *Robinia pseudoacacia* (Fotos S. 57).

Der „Drilling" mag 80 Jahre alt sein. Er hat noch die ehemalige Straßenbahnlinie Nr. 27, die hier ihre Endstation hatte, miterlebt und natürlich auch die Nazi-Zeit: Gut 100 Meter weiter, wo sich heute der Glaspalast des Medienzentrums befindet, war der Flakbunker, der bis 1945 Gefechtsstand des letzten „Kampfkommandanten" Alwin Wolz war.

Auch die neueste Geschichte erlebte unsere Robinie „stammnah" mit: 1998/99 wurde die Bus-Endstation mit ungeheurem Aufwand erweitert, man versiegelte eine überdimensional große Bodenfläche bis dicht an die Wurzeln des alten Baumes, durch die ohnehin kleine Rasenfläche „musste" überflüssigerweise noch ein Gehplattenweg gelegt werden, die alten Rosen riss man heraus, ihr Beet verschwand zusammen mit einem Teil der Rasenfläche. Ganz selbstverständlich wurde auch der alte **Schmetterlingsstrauch** (*Buddleja*), der viele Jahre im Rosenbeet stand, „weggeräumt". Er machte seinem Namen alle Ehre, denn auf seinen zahlreichen wunderhübschen purpurfarbenen Rispen zählte ich manches Mal bis zu 60 Falter gleichzeitig, unter ihnen Tagpfauenaugen, Kleine Füchse und Distelfalter.

Großes Bild:
Vergangene Zeiten:
Der große Schmetterlingsstrauch im Rosenbeet.
Foto: August 1996

Links Mitte:
Mehrere Kleine Füchse auf einer der zahlreichen Rispen des Buddlejas (Sommerflieder).
Foto: August 1996

Unten:
Auch die hübschen Tagpfauenaugen besuchten den Schmetterlingsstrauch häufig.

Rechts oben, innen:
Die dreistämmige Robinie.
Foto: Mai 1998
(Text S. 55)

Rechts oben, außen:
So sah vor 30 Jahren der Maler Heinz Behrend diese idyllische Buskehre. Blick nach Norden, rechts der Mittelweg.
Gemälde von 1970

Rechts unten:
Die Robinie in voller Blütenpracht. Gut sind auch ihre gefiederten Blätter zu erkennen.
Foto: Juni 1997

Nachdem hier reichlich Gigantomanie gewütet hat und ganz auf der Höhe der bundesrepublikanischen Zeit viel zu viel Boden versiegelt wurde, könnte man an dieser Stelle wenigstens wieder einige Schmetterlingssträucher anpflanzen.

Die alte Robinie mag trösten, dass von der neben ihr neu errichteten Staatlichen Jugendmusikschule nun manches Mal melodische Klänge herüberwehen.

Wir gehen nun die Alsterchaussee hinunter und sehen auf der linken Seite ein repräsentatives klassizistisches Landhaus (Nr. 30). Es wurde bereits 1829 durch den Kaufmann Schwieger erbaut. 1860 ging es in den Besitz der Familie von Gräfe über. Vielleicht wurden die hohen **Linden**, die das Gebäude einrahmen, zu jener Zeit gepflanzt. Vielen ist das Haus bekannt als „Theater im Zimmer", das hier von 1951 bis 1999 seine Aufführungen zeigte.

Wenn Sie noch einen besonders großen **Silberahorn** *(Acer saccharinum L.)* sehen möchten, gehen Sie die Einfahrt neben der Alsterchaussee 40 etwa 30 Meter hinein. Linker Hand steht ein Prachtexemplar dieser Art: Umfang 4,20 Meter!

Wir folgen nun der Alsterchaussee, überqueren den Harvestehuder Weg und gehen den ersten Weg hinter dem Radweg rechts hinein in:

4c

Linden

Alsterchaussee
Harvestehude

Linke Seite: Hohe Linden rahmen das 1829 erbaute klassizistische Landhaus ein. Foto: April 1997

4d Das Alstervorland: Blauglockenbaum (Paulownie), Feuerahorn und Tulpenbäume

Folgen Sie dem Weg. Etwa 40 Meter hinter den ersten Stufen steht links der knapp 4 Meter hohe mit reichlich Efeu bewachsene **Blauglockenbaum** *(Paulownia tomentosa)*. Dieser aus China stammende Baum mit seinen wunderhübschen bläulichen Blüten ist in Hamburg äußerst selten anzutreffen, denn er ist nicht winterhart. Außer den im ersten Kapitel erwähnten Hamburger Standorten ist mir nur noch der junge Blauglockenbaum im Stadtpark bekannt. Daher ist der nun vor uns stehende Vertreter dieser Art ein besonderer Schatz, denn er ist zurzeit derjenige mit den meisten Blüten. Aber auch er blüht durchaus nicht jedes Jahr. Auf dem Foto auf der nächsten Seite sehen wir ihn im Mai 1998. 1999 dagegen blühte er nicht.

An geschützten Standorten in deutschen Arboreten oder Parks finden Sie das eine oder andere Exemplar des **Blauglockenbaumes**. Richtig schön entfalten sich diese Bäume jedoch in südlicheren Gefilden, wo sie bis zu 30 Meter hoch werden können.

Der Nachbar-Baum ist in der Hansestadt ebenfalls selten anzutreffen: ein **Feuerahorn** *(Acer ginnala)*.

Wenn Sie nun halb links in Richtung Alster schauen, werden Sie auf dem Rasen zwei mittelgroße **Tulpenbäume** erblicken, die im Juni blühen.

Wir befinden uns hier übrigens an einem Ort, der 1953 die Ausstellung „Plastik im Freien" beherbergte. Das Bezirksamt Eimsbüttel hat diesen Teil des Alstervorlandes mit viel Aufwand restauriert und wieder in seinen ursprünglichen Zustand versetzt. Dazu gibt es eine Broschüre „Das Alstervorland – Restaurierung der ‚Plastik im Freien' ", 1996, mit drei Plänen zum Bestand an Bäumen, Strauchpflanzungen und Stauden.

Wir kehren jetzt auf den Harvestehuder Weg zurück. In manchen seiner Vorgärten werden Bienenstöcke aufgestellt – ein ungewöhnliches Bild in einer Großstadt!

Möglicherweise verließ im Juni 1997 eine Bienenkönigin mit ihrem Hofstaat hier ihren Bienenstock und schwärmte mit tausenden Bienen bis zur Grindelallee, wo sie ausgerechnet auf einem Fahrrad landete. Für die Großstädter war es ein spannendes Ereignis und für viele sicherlich der erste Bienenschwarm ihres Lebens! Ein Teil der Straße wurde abgesperrt, Feuerwehr und Polizei mühten sich. Letztlich sammelte Pastor Jäger aus Sasel, im Nebenberuf Imker, den Schwarm ein (Fotos S. 62).

Wir verlassen den Harvestehuder Weg, biegen in die Milchstraße ein, passieren die Hochschule für Musik und Theater in ihrem prächtigen und geschichtsträchtigen Gebäude (Gedenktafel!) und gehen links durch die Magdalenenstraße. Schlendern Sie entspannt durch diese ruhige Straße mit ihren vielen schönen Gebäuden und Vorgärten! Die Stadthäuser Nr. 64a und 64b stehen unter Denkmalschutz.

Wir biegen rechts in die Alte Rabenstraße ein und sehen zu unserer Freude im Garten der Nr. 24 einen stattlichen **Tulpenbaum**, der im Juni stets mit Blüten übersät ist. Im Garten Nr. 21 wächst ein kräftiger **Walnussbaum**.

Wir halten uns rechts und gehen ein kleines Stück den Mittelweg hinauf.

4d

Blauglockenbaum

Alstervorland Harvestehude

Linke Seite, oben Blauglockenbaum. Foto: Mai 1998

Linke Seite, Mitte: Die hübschen Blüten werden bis zu 5 cm lang. Foto: Mai 1998

4e Zwischen Mittelweg und Hallerplatz: Maulbeerbaum, früchtetragende Ginkgos, Urweltmammutbaum (Chinesisches Rotholz)

Zu unserer Überraschung treffen wir auf ein hoch gewachsenes **Ginkgo-Zwillingspaar** mit einem Stammumfang von jeweils 1,55 Metern (Haus Nr. 155), eine stattliche **Eibe** (Nr. 154) und auf einen alten etwas schief gewachsenen **Maulbeerbaum** (Nr. 152). Die langsam wachsende Eibe (s. Bd. I, S. 193) dürfte der älteste dieser Bäume sein. Die anderen könnten ein Alter von mindestens 70 Jahren haben. Wer mag sie wann gepflanzt haben?

SONNEN-REISEN
TUI
Schöne Ferien!
SONNEN-
WOCHEN
mit TUI

Die interessante Fassade des gegenüberliegenden Hauses Nr. 25 erspart uns jegliche Spekulation über das Alter. Sie klärt uns auf: „Erbauet 1886". Schauen Sie doch mal in den Hauseingang hinein! Und wenn Sie eine kleine Idylle sehen möchten, empfehle ich einen Gang zu den Häusern 1–5, Mittelweg 25a.

Der **Ginkgo** ist in Hamburg kein seltener Baum. Aber große weibliche Bäume dieser Art, die Früchte tragen, sind in Hamburg (noch?) nicht häufig anzutreffen. Ich schreibe „noch", denn es mag sich herausstellen, dass sich unter den kleinen Ginkgos mancher als weiblicher Baum entpuppt: diese Bäume tragen frühestens nach 15–20 Jahren ihre ersten Früchte. Bei allen Qualitäten des Ginkgos sollten wir keinesfalls vergessen, dass diese interessante Baumart ökologisch von geringem Nutzen ist. Es empfiehlt sich vielmehr, Eichen, Linden oder andere einheimische Bäume zu pflanzen, die für zahlreiche Insekten und andere Tiere eine Lebensgrundlage bieten (zum Ginkgo s. Bd. I, S. 123 ff.).

Sie haben jetzt Gelegenheit, in diesem Stadtteil gleich zwei früchtetragende weibliche Bäume kennen zu lernen: Feldbrunnenstr. 42 und Hallerplatz 9. Zur Feldbrunnenstraße sollten Sie den gegenüberliegenden malerischen Heimweg wählen.

Im Vorgarten des Hallerplatzes 9 wachsen zwei Bäume: ein weiblicher **Ginkgo** und dahinter ein **Urweltmammutbaum** *(Metasequoia glyptostroboides Hu et Cheng)*, der nichts mit dem immergrünen Mammutbaum gemein hat. Besonders bemerkenswert sind diese beiden Exemplare, weil wir ihr genaues Alter kennen und hier das unglaublich schnelle Jugend-Wachstum des Chinesischen Rotholzes deutlich wird. Die Besitzer des etwa 1882 erbauten Hauses, Dres. Böttger, pflanzten den Ginkgo als etwa achtjährigen, 1,50 Meter hohen Baum im Jahre 1960. Zum ersten Mal trug er 1994 Früchte. Umfang des Baumes heute: 1,07 Meter.

Der Urweltmammutbaum wurde erst 1963 als 40 cm großes Bäumchen – eher ein Reis – gesetzt. Heute beträgt sein Stammumfang 2,26 Meter und bedroht durch seine Größe das Haus!

Hier beenden wir den Rundgang, der uns bewiesen hat, dass viele interessante dendrologische Kostbarkeiten mitten in unserer Stadt anzutreffen sind.

Rückfahrt: Bus 115 von der Hallerstr. oder U 1 Hallerstr., Eingang Rothenbaumchaussee.

4e

Urwelt-mammutbaum

Hallerplatz Rotherbaum

Linke Seite, oben: Sensation! Eine Bienenkönigin mit ihrem Hofstaat „beehrt" ein Fahrrad in der Grindelallee. Foto: Juni 1997 (Text S. 61)

Linke Seite, unten: Suchbild: Wer findet die Königin? Foto: Juni 1997

POSTAMT 20

5 Eppendorf: Abendrothsweg – Eppendorfer Landstraße – Kellinghusenpark – Seelemannpark – Hayns Park – Salomon-Heine-Weg

5a

Edelkastanie

Abendrothsweg Eppendorf

U 3, Bus 114 Eppendorfer Baum

Wir gehen von der U-Bahn-Station den Eppendorfer Baum geradeaus über die Kreuzung in die Curschmannstraße hinein und biegen dort in die erste Straße links ein (Abendrothsweg). Auf gut 100 Metern erwartet uns hier:

Die Platane rechts hinten vor dem Postamt 1930 und 1999 (Text S. 67).

5a Ein kleines Baumparadies im Abendrothsweg

An der Straße stehen alte **Rosskastanien**. Rechts vor der Neuapostolischen Kirche zeigt eine große **Trauerbuche** ihre breite Krone, 40 Meter links von ihr steht eine hoch gewachsene **Silberpappe**l. Es folgen weitere eindrucksvolle Bäume in den Vorgärten: **Blutbuche** (Haus Nr. 22), eine besonders stattliche **Roteiche** (Nr. 24), **Bergahorn** (Nr. 26), **Trauerbuche** (Nr. 28).

Der spektakulärste Baum versteckt sich jedoch. Um ihn zu entdecken, müssen Sie eine Privateinfahrt zwischen den Häusern Nr. 28 und 30 etwa 40 Meter hineingehen. In einer Entfernung von wiederum 40 Metern sehen Sie links hinter dem Zaun eine wunderschöne **Edelkastanie**. Dieser gut 20 Meter hohe Baum hat einen Umfang von 4,60 Metern. Er mag zwischen 140 und 180 Jahre alt sein und ist damit der älteste Baum seiner Umgebung. Mir ist in Hamburg keine Edelkastanie bekannt, die gleich alt und ebenso schön gewachsen ist!

An dieser Stelle hatte Bürgermeister Dr. Aug. Abendroth (1767–1842) seinen Landsitz. Sicherlich ist dieser Baum ein Überbleibsel aus jener Zeit.

Es lohnt sich durchaus, den Abendrothsweg weiter hochzugehen: Es ist eine stille Straße mit etlichen um die Jahrhundertwende entstandenen Gebäuden. Im oberen Teil bis zur Hohe-

luftchaussee ist die Straße überwiegend mit **Eschen** bepflanzt, was in Hamburg nicht häufig vorkommt. Wir gehen zurück und biegen links in die Eppendorfer Landstraße ein.

Dort treffen wir vor dem Postamt (Nr. 23–25) auf einen Baum mit dokumentierter Historie: Rechts vor dem Gebäude wächst eine **Platane**, die auf dem Foto von 1930 schon eindeutig an dieser Stelle zu erkennen ist (Foto S. 64). Der Baum wird heute fast 100 Jahre alt sein (Umfang: 3 m).

Wir folgen der Eppendorfer Landstraße bis zur **Magnolie** „im Blumentopf" (s. Kapitel Lieblingsbäume) vor dem Haus Nr. 49/51, die hier früher im Vorgarten stand. Geschätztes Alter: 60–80 Jahre. Wenige Meter weiter stoßen wir auf eine **Eiche**, die dem eiligen Passanten verborgen bleibt, da sie im Innenhof hinter der Klosterhof-Passage versteckt ist. Dort beherrscht sie allerdings den gesamten Innenbereich durch ihre mächtige Krone. Dieser Baum ist ein letzter Gruß aus dem ländlichen Eppendorf, denn früher hat sie wohl hier auf einem Knick gestanden. Ihr Umfang beträgt 3,61 Meter. Sie kann etwa 200 Jahre alt sein.

Wir überqueren nun die Straße und betreten neben dem Haus Nr. 62 die ehemals privaten Parkanlagen des Senators Dr. G. A. Schröder und der Familie G. N. Knaur. In den 1920er Jahren wurde das Gelände zum öffentlichen Park:

5b

Tulpenbaum

Kellinghusenpark Eppendorf

Linke Seite, oben: Der mächtige Tulpenbaum teilt sich in zwei Hauptstämme. Foto: Januar 1999

Linke Seite, unten: Blüten und Blätter vom Tulpenbaum. Diese Abbildung ist als Postkarte beim Autor erhältlich.

5b Der Kellinghusenpark: Sumpfzypressen, Tulpen- und Götterbaum

Gleich rechts empfängt uns eine kräftige, leicht lädierte **Sumpfzypresse** (Stammumfang 3,40 m) an einem für diese Art ungewöhnlich trockenen Standort. Einen angemesseneren Platz hat eine weitere hohe Sumpfzypresse am Ufer des kleinen Teichs.

Wir gehen jetzt auf die zentrale Rasenfläche zu. Rechts zieht eine schöne **Kiefer** die Aufmerksamkeit auf sich.

Links steht eine malerische Dreiergruppe von **Zieräpfeln**, die im Frühling mit einer berauschenden Blütenpracht aufwarten. Geradeaus vor uns, wenige Meter von dem Terrakotta-Luchs des Künstlers K. Bauer (1953) entfernt, ragt einer der mächtigsten **Tulpenbäume** Hamburgs empor.

Diese Bäume mit ihren hübschen Blüten und den interessanten Blättern sind eigentlich in den USA beheimatet. Schauen Sie sich

den verwitterten und zerfurchten Stamm einmal aus der Nähe an. Er misst 4,55 Meter im Umfang! „Be-greifen" Sie ihn und Sie ahnen, dass dieses Exemplar noch die Schröderschen Zeiten miterlebt hat.

Stellen Sie sich vor: Gerade als ich unter dem Baum stand und die interessante Blattform betrachtete, hörte ich ein Raunen:

Ich möchte dir meine Geschichte erzählen:

Als Gott die Bäume schuf, jammerte ein kleines Keimblatt, das sich immer bescheiden im Hintergrund gehalten hatte:

„Du hast jetzt schon so viele Baumarten mit den unterschiedlichsten Blättern, Blüten und Früchten geschaffen. Für mich bleibt nun gar nichts Interessantes mehr übrig!"

Gott war an jenem Tag in bester Schöpferlaune, und das kleine Keimblatt dauerte ihn. So sprach er: „Sei nicht so traurig! Du sollst ein ganz besonderer Baum werden: groß und mit hübschen Blüten, die ähnlich sind wie meine Tulpen. Aus ihnen werden sich ungewöhnliche zapfenähnliche Früchte entwickeln. Deine Blätter sollen sich im Herbst mit einem hübschen Gelb überziehen. Außerdem stutze ich deine Blattspitze so zu, dass sie für alle Zeiten unverwechselbar sein wird."

(Inspiriert durch eine Legende aus der afrikanischen Mythologie zum Affenbrotbaum, *Baobab*.)

40 Meter vom Tulpenbaum entfernt macht eine breit gefächerte – da siebenstämmige – **Kaukasische Flügelnuss** auf sich aufmerksam (s. Bd. I, S. 68 ff.).

Der Teich, die hohe Lindenallee und das reetgedeckte Häuschen erinnern uns an die einstige Landhausidylle. Das Reetdachhäuschen, das vor einigen Jahren restauriert wurde, beherbergt heute das erste Kinder-Umwelthaus des BUND in Hamburg.

Wir verlassen den Park beim Nordausgang neben der U-Bahn Kellinghusenstraße. Dort unmittelbar auf einer Rasenfläche hinter dem Spielplatz wächst ein weiblicher **Götterbaum** *(Ailanthus altissima)*. Er wird nicht älter als 70 Jahre sein, denn auf einem Foto aus den 1930er Jahren im Vorraum der gegenüberliegenden Badeanstalt ist auf dieser Grünfläche kein Baum zu sehen.

Diese anspruchslose zweihäusige Baumart gehört zu den Bitteresschengewächsen. Sie wurde aus Ostasien nach Europa gebracht, weil man mit ihren Blättern den Ailanthusspinner füttern wollte, der den Seidenspinner ersetzen sollte. Dieses Experiment missang jedoch.

5b

Götterbaum

Kellinghusenstraße Eppendorf

Linke Seite, außen: Früchte und die riesigen Blätter des Götterbaumes. Foto: September 1999

Linke Seite, innen: Die Blüten eines männlichen Götterbaumes. Foto: Juni 1999

Linke Seite, unten: Der weibliche Götterbaum voller Früchte im September 1995.

Götterbäume finden wir in vielen Hamburger Parkanlagen aber durchaus auch als Straßenbäume, wie z.B. weibliche Exemplare an den Ecken der Dorotheen-/Willistraße, Dorotheen-/Maria-Louisen-Straße oder in Vorgärten wie etwa Alsterglacis Nr. 8. Besonders auffällig sind ihre unpaarig gefiederten Blätter, die bis zu 90 cm lang werden können und ihre Früchte, die an Eschenfrüchte erinnern und zu Dutzenden oder Hunderten in rötlichen Büscheln bis weit in den Winter hinein an den Bäumen hängen. Die Stämme der Götterbäume sind von oben nach unten mit feinen weißen Linien gemasert.

Wir gehen nun am Bahnhof vorbei in die Kunhardtstraße, die parallel zum Bahndamm verläuft und uns direkt führt zum:

5c Seelemannpark: Bergahorn und „Nachwuchseiche“

Rechts vor dem Bahndamm befindet sich das Samuel-Heinicke-Denkmal, Gründer der ersten deutschen Taubstummenanstalt nach der Lautsprachmethode.

Der dominierende Baum dieses kleinen Parkes ist der stattliche **Bergahorn** auf der anderen Seite der Grünanlage. Sein uriger, teilweise bemooster Stamm, hat einen Umfang von 4,75 Meter.

Auf unserem Weg zum zweiten, zur Kirche hin gelegenen Eingang an der Heilwigstraße steht zu unserer Linken eine hübsche Dreiergruppe mittelgroßer **Rosskastanien**. Etwa 5 Meter vor dem Eingang stoßen wir auf die **Nachwuchseiche**. Diese gut gewachsene Gedenkeiche hat zwar bisher nur einen Umfang von 58 cm. Dafür kennen wir jedoch ihr Alter und den Grund für ihre Pflanzung: Sie wurde als zehnjähriger Baum 1990 gesetzt. Der Gedenkstein daneben liefert uns weitere Einzelheiten.

Die unmittelbare Umgebung des Parkes ist historisch sehr interessant: Wir sehen dort die bereits 1267 urkundlich erwähnte Kirche St. Johannis – im Volksmund „Hochzeitskirche“ genannt (Gedenktafel) –, die gegenüberliegenden, ab 1923 erbauten Wohnblocks der Heilwigstraße (Gedenktafel), das eindrucksvolle 1907 vom Bäcker Seiler erbaute Eckhaus Kellinghusenstr. 27 / Ludolfstr. 60 und das bereits 1861 entstandene Haus Ludolfstr. 43. Wir setzen unseren Rundgang durch die Ludolfstraße fort und sehen zu unserer Rechten bald eine sterile Betonmauer und Betonpodeste, auf deren menschen- und tierfeindlicher „Erde“ etwa 20 junge Edelkastanien ihr Leben fristen. Dieser, der Straße zugewandte Teil der „Grünanlage“ stieß bei der Mehrzahl der Eppendorfer auf heftigen Protest. Verständlich!

Wir beschleunigen hier unsere Schritte und betreten den:

5c

Bergahorn

Seelemannpark Eppendorf

Inschrift des Gedenksteins:
1140–1990
850 Jahre
Eppendorf
Der Eppendorfer
Bürgerverein

Linke Seite, oben: Rechts der alte Bergahorn. Im Hintergrund die Pfarrkirche St. Johannis. Foto: Januar 1999

Linke Seite, unten: Der kupfergedeckte Pavillon eingerahmt von hohen Pappeln. Foto: Januar 1999 *(Text S. 73)*

5d Hayns Park: Pappeln, Sternmagnolien, Hainbuchen und Säuleneichen

Benannt ist der Park nach dem wohlhabenden Kaufmann und Hamburger Senator Max Theodor Hayn, der hier 1873 einen Kärtnerhof mit Garten erwarb. In den 1920er Jahren wurde das Gelände in einen öffentlichen Park umgewandelt.

Wir gehen rechts den Hauptweg entlang, an stattlichen Linden und Hainbuchen vorbei.

Sehr schnell sehen wir auf der Wiese den schmucken, kupfergedeckten Pavillon, der von mehreren hohen **Pappeln** eingerahmt ist. In diesem gründerzeitlichen Pavillon soll Hayn gern und häufig Kaffee getrunken haben (Foto S. 70).

Für mich ist der eindrucksvollste Baum dieses Parkes eine mächtige **Hainbuche** *(Carpinus betulus L.)*, die leicht zu übersehen am Rande der großen Rasenfläche des Parkes hinter dem Haus Eppendorfer Landstraße 164 wächst, an dessen Vorderseite übrigens eine Tafel mit Informationen zur Bebauung aus dem Jahr 1934 angebracht ist. Hainbuchen werden wegen ihres hellen Holzes auch Weißbuchen genannt. Ihr Holz ist sehr hart und wurde früher z. B. für Mühlenräder verwendet. Dieser alte Baum hat einen Umfang von 4,22 Metern!

5d

Hainbuche

Hayns Park Eppendorf

Auf der Rasenfläche kurz vor dem Planschbecken wächst eine Gruppe schöner **Sternmagnolien**, auf Sichtweite am Wasser erfreuen uns einige große **Silberpappeln** und linker Hand wächst eine Reihe dekorativer **Säuleneichen** am Alsterufer.

Linke Seite, oben: Die mächtige Hainbuche im zarten Frühlingsgrün. Foto: April 1999

Wir verlassen den Park, stehen nun auf der Eppendorfer Landstraße und gehen nach rechts über die Brücke, hinter der auf der rechten Seite – kurz vor dem Restaurant „Zur alten Mühle“ – eine stattliche Eiche wächst. Mit ihrem Umfang von fast 4 Metern dürfte sie gut 200 Jahre alt sein. Es ist die **„Akzise-Eiche“**, d. h. sie ist Zeugin einer Zeit, in der hinter ihr – also jenseits der Brücke, über die wir gerade gegangen sind – das Akzisehäuschen stand. Hier wurde die Akzise, eine Zollabgabe, erhoben, denn die 1864 neu festgelegte Grenze für diese Abgabe hatte zur Folge, dass Groß Borstel außerhalb des „Hamburger Freihafengebietes“ lag – Eppendorf dagegen innerhalb! Somit mussten die Groß Borsteler Händler Akzise entrichten, wenn sie ihre Ware über die Brücke nach Eppendorf lieferten.

Linke Seite, unten: Die alte Eiche kennt das Akzisehäuschen jenseits der Brücke noch aus eigener Anschauung. Foto: Januar 1998

Linker Hand liegt der Salomon-Heine-Weg, an dessen Rändern zahlreiche **Eichen** wachsen, die mehrheitlich älter als 100 Jahre sind. Wir gehen jetzt parallel dazu am Eppendorfer Mühlenteich entlang, der vielen bekannt ist als Winterquartier für die Alsterschwäne. Wir wandern unter der Brücke durch, die 1939 erbaut wurde und einen Teil der Güterumgehungsbahn darstellt. Gedacht war sie als Ersatzstrecke, falls im Krieg die Lombardsbrücke durch Bomben zerstört worden wäre.

Wir folgen dem Weg immer geradeaus. Die nächste große Querstraße ist der Rosenbrook. Im Frühling findet hier unser Rundgang seinen krönenden Abschluss, denn die Grünfläche ist voller kleiner blühender **Kirschbäume**.

Rückfahrt: Bus 114 oder U-Bahn Lattenkamp.

Sie könnten natürlich jetzt noch den Rundgang 6 (s. Bd. I, S. 90 ff.) anschließen.

6 Hoheluft – Lokstedt – Hagenbecks Tierpark

Busse 102, 106, 113, Schnellbus 35 Gärtnerstraße

Wir gehen die Hoheluftchaussee auf der linken Seite hoch und stoßen an der Ecke Troplowitzstraße auf eine winzige Grünanlage, in der einige mittelgroße Platanen sowie eine **Rosskastanie** wachsen, die sich in 2 Metern Höhe in mehrere Äste teilt.

6

Linde

Troplowitzstraße Hoheluft

6a Der historische Grenzstein, die Linde und das Grenzhaus Hoheluft

Größte Aufmerksamkeit verdient der wenige Meter links von der Kastanie stehende alte Grenzstein, ein wichtiger Zeuge dieser geschichtsträchtigen Stelle. Seine Inschrift lautet:

HP
C 7
1789

was „Herrschaft Pinneberg, Christian VII" bedeutet.

Einst stand dieser Stein gegenüber auf der anderen Straßenseite, wo sich heute ein achtstöckiger Neubau mit einem Supermarkt befindet. Dort war früher das 1789 erbaute dänische „Zollhaus Hoheluft", das später zum Grenzhäuschen zwischen Hamburgischem und dänischem Gebiet wurde. Ende der 1880er Jahre erfolgte der Umbau zum Lokal „Grenzhaus Hoheluft", das sich bis zum Zweiten Weltkrieg als Ballhaus mit bis zu tausend Gästen an einem Wochenende einen Namen gemacht hatte. Wenn Sie die Straße überqueren, sehen Sie vor dem erwähnten Neubau eine große **Linde** (Umfang 2,41 m). Auf alten Fotos sind das „Grenzhaus Hoheluft" und zwei Bäume zu sehen, von denen einer mit größter Wahrscheinlichkeit die heutige Linde ist. Sie dürfte mindestens 120 Jahre alt sein.

Linde und Grenzstein setzen eine lange Tradition fort, denn ab 1602 war bereits ein Grenzpfahl Vorgänger dieser beiden Zeitzeugen. Mit dem Abriss des Grenzhauses im Jahre 1965 dürfen wir das traurige Ende eines historischen Hamburger Traditionsgebäudes beklagen.

Linke Seite, oben: Fast eine Idylle wie im Alten Land. Blühende Kirschbäume am Rosenbrook – mitten in der Großstadt. Links die schönen Altbauten vom Anfang des 20. Jahrhunderts. Foto: April 1999

Linke Seite, unten: Die Blutbuche am Lokstedter Steindamm Nr. 76 im frischen Laub. Rechts von ihr der Kirschbaum mit zwei verschiedenen Blüten: oben weiß, unten rosa. Foto: April 1998 (Text S. 79)

Stamm einer nicht ganz hundertjährigen Platane in Lissabon/Portugal. Wunderschön sind die Struktur der Borke und der Farbenreichtum mit seinen vielen Nuancen zu erkennen. Foto: März 1999 (Text S. 79)

6b

Lutherbuche

Bei der Lutherbuche Lokstedt

Links: Die fast 100 Jahre alte „Lutherbuche“. Foto: Oktober 1996 (Text S. 80)

Wir setzen unseren Weg fort, vorbei an einem **Amerikanischen Amberbaum** *(Liquidambar styraciflua L.)*, Umfang 1,02 Meter, der im Vorgarten des Lokstedter Steindamms 92 wächst.

Kurz darauf erblicken wir vor dem Haus Nr. 76 eine prächtig gewachsene **Blutbuche** (Umfang 3,50 m). Im belaubten Zustand ist sie schon von weitem zu erkennen, wenn wir von der Hoheluftchaussee kommen. 30 Meter hinter ihr erwartet uns eine kleine Rarität, die wir allerdings nur während der Blütezeit richtig schätzen können: ein mittelgroßer **Kirschbaum** mit zwei verschiedenen Blütenarten, weiß im oberen, rosa im unteren Teil (Foto S. 74)!

Wir biegen links in den Veilchenweg ein, an dessen Ecke uns im Mai eine **rot blühende Rosskastanie** erfreut und gehen rechts den Grandweg hinunter.

Die erste Querstraße rechts ist die Platanenallee. Sie wird von **Platanen** gesäumt, die etwa ein halbes Jahrhundert alt sein mögen. Ein spektakulärer oder sehr alter Baum ist unter ihnen nicht zu finden. Daher zeige ich Ihnen auf S. 76 das besonders gelungene Foto eines Platanenstammes, das sehr schön die Struktur der Rinde verdeutlicht, die sich bei Platanen in kleinen Platten vom Stamm löst.

Wenn Sie einen Abstecher machen wollen, können Sie links in die Emil-Andresen-Straße bis zur Nr. 34a gehen. Dort biegen Sie unmittelbar hinter der Kirche rechts ein und folgen der Einfahrt, die nach 50 Metern direkt auf einen **Buchenring** zuführt. Dieser interessante Ring mit einem Durchmesser von 3,70 Metern wird von zwölf Rotbuchen unterschiedlichen Alters gebildet. Wahrscheinlich wurden diese Buchen dort in einer Kreisform angepflanzt, als sich an dieser Stelle eine Gärtnerei befand.

Wir gehen jetzt den Grandweg weiter bis zur Straße (rechts):

6b Bei der Lutherbuche – eine Blutbuche als Straßennamens-Geberin

Bevor wir zur Namensgeberin selbst kommen, sollten wir noch einen Blick in die Anlage um das Kriegerdenkmal 1914–1918, Ecke Grandweg / Bei der Lutherbuche werfen. Das 1923 errichtete Denkmal mit acht Bronzetafeln hat einen hochragenden Klinkeraufbau auf sternförmigem Grundriss und soll an eine explo-

dierende Granate erinnern. Um die düster wirkende Anlage wachsen 28 **Spitzahorn-Bäume** in einem Kreis, die wohl um 1923 gepflanzt wurden. Die meisten dieser Bäume gehören zu der rotblättrigen Sorte.

Wir folgen der Straße bis zur Christ-König-Kirche (Nr. 36) und sehen nun vor dem Pastorat die prächtige **Blutbuche**, nach der 1950 die Straße benannt wurde. Den Namen Lutherbuche erhielt sie, weil sie zum Reformationstag im Jahre 1917 gepflanzt wurde. Ihr Umfang beträgt 4,40 Meter. Bald feiert sie ihren einhundertjährigen Geburtstag, wenn wir davon ausgehen, dass sie als etwa zehnjähriger Baum gepflanzt wurde (Foto S. 78).

Wir gehen zurück in den Grandweg, überqueren die Vogt-Wells-Straße, in der mehrere hübsche **Blutbuchen** wachsen, folgen der Grelckstraße, biegen rechts in den Rüterbarg ein und betreten gegenüber der Nr. 13 den:

6c Von-Eicken-Park

1899 erwarb K. H. C. Gerhard von Eicken die Villa und den dazugehörenden verwilderten Park, der bereits seit 1819 als Garten bekannt war. Der eindrucksvollste Baum steht zwischen der Villa und dem Teich: Es ist eine sehr alte **Eiche**, die sich dicht über der Erde in zwei Stämme teilt. Unterhalb der Teilung weist dieser alte Riese einen Umfang von 6,25 Meter auf! In der 1922 verfassten Kollau-Chronik heißt es zu dieser Eiche: *Sie hat wohl 3 bis 4 Jahrhunderte auf ihrem Geburtsschein.*

Weiterhin treffen Sie in diesem Park auf mehrere alte **Blutbuchen**, stattliche **Eichen** und **Platanen**. Wenn Sie die Rieseneiche hinter sich haben und auf den Teich schauen, der übrigens von der Schillingbek gespeist wird, steht rechts von Ihnen eine malerische Gruppe von sieben **Schwarzerlen**, 15 Meter links davon eine hohe **Sumpfzypresse**, 25 Meter weiter links wächst eine kräftige **Eiche** und 15 Meter von ihr entfernt steht linker Hand auf dem Rasen ein mittelgroßer **Tulpenbaum**.

Wenn Sie einen Dreiviertelbogen um den Teich machen und den Park verlassen, treffen Sie auf die Straße Feldhoopstücken, die nach links auf die Kollaustraße führt.

Nun halten Sie sich rechts und sehen vor der Kollaustraße Nr. 11 nochmals eine mächtige **Eiche** (Umfang 4,61 m), deren Stamm links und rechts von zwei dicken Findlingen geschützt wird. Auch sie ist ein tapferer Baum. Schon vor mehr als 200 Jahren stand sie hier an der damaligen Landstraße. Hoffentlich kann sie noch recht lange dem heutigen Verkehr standhalten!

Auf schöne Straßenbäume hier ganz in der Nähe möchte ich Sie noch hinweisen: Vom Siemersplatz geht die Osterfeldstraße ab, von ihr biegt nach rechts die Münsterstraße ab. Dort und in den angrenzenden Straßen Lütt Süderfeld und Süderfeldstraße finden Sie als Straßenbäume Dutzende von **Mehlbeeren** *(Sorbus aria)*. Diese gut 50 Jahre alten Bäume erfreuen uns im Mai mit ihren weißen Blütendolden und im Oktober mit roten Beeren.

Zum Abschluss dieses Rundganges noch einige Bemerkungen zum:

6c

„Rieseneiche"

Von-Eicken-Park Lokstedt

Linke Seite: Dieser mächtige doppelstämmige Baum gehört zu den ältesten und größten Eichen Hamburgs. Foto: März 2000

Die Blätter des Roten Fächerahorns in Hagenbecks Tierpark, eines der wichtigsten Gehölze der japanischen Gartenkultur, sind zierlich und tief eingeschnitten. Foto: April 1998

6d Hagenbecks Tierpark

Sie können ihn von hier aus zu Fuß oder mit dem Bus 281 erreichen.

Ich kann mich kurzfassen, denn an der Kasse können Sie die kleine Broschüre „Unsere Bäume – Hagenbeck – Europas schönster Park" für DM 3,– erwerben. „Hagenbecks Baumführer" ist gut gemacht und enthält eine Reihe von Farbfotos sowie Wegeskizzen. In ihm finden Sie die wichtigsten Bäume Hagenbecks verzeichnet. Da der Tierpark erst 1902 angelegt wurde, werden Sie hier zwar keine mehrere Jahrhunderte alten Baumriesen, dafür aber eine Vielzahl höchst interessanter Baumarten antreffen. Exemplarisch für die Hagenbecksche Baumartenvielfalt zeige ich Ihnen das Foto eines **Roten Fächerahorns** *(Acer palmatum atropurpureum)*.

Rückfahrt: Bus 281 oder nach einem kleinen Fußmarsch U 2 Hagenbecks Tierpark.

● In Hamburgs Westen

7 Elbchaussee: Vom Heinepark zu Schröders Elbpark

Bus 112 Elbberg oder Bus 115 Rothestraße und 5 Minuten Fußweg.

Diesen Ausflug können Sie ggf. kombinieren mit dem Spaziergang Nr. 10 aus Bd. I.

Der Heinepark ist ein kleiner Teil eines großen Landsitzes, den der Mäzen und Bankier Salomon Heine, Onkel des Dichters Heinrich Heine, 1808 erwarb.

In der Elbchaussee 31 können Sie noch das 1832 entstandene kleine „Heine-Haus" bewundern. Dieses unter Denkmalschutz stehende ehemalige Gärtnerhaus wurde liebevoll restauriert und 1979 der Öffentlichkeit übergeben. Der Verein „Heine-Haus" ist

7

Morgenländische Platane

Heinepark Elbchaussee, Altona

Die Morgenländische Platane ist der mächtigste Baum des Heineparkes. Foto: Oktober 1998

Die tief eingeschnittenen Blätter und die Früchte der Morgenländischen Platane rufen einen Eindruck von Feinheit und Leichtigkeit hervor. Foto: Juni 1998

sein Träger und organisiert dort regelmäßig interessante Veranstaltungen.

Ab 1832 ließ Salomon Heine den vorhandenen Park von dem bekannten Gartenarchitekten Joseph-Jacques Ramée neu gestalten.

In der Nähe des Gartenhauses wachsen mehrere schöne **Blut- und Rotbuchen**. Vor dem Gebäude Elbchaussee 43, in der sich heute die Fachhochschule, FB Wirtschaft, befindet, steht ein mittelgroßer **Ginkgo**, die asphaltierte Zufahrt ist überwiegend von stattlichen **Bergahornbäumen** gesäumt. Die eindrucksvollste Baumgestalt mit knorrigem Stamm und feinen Blättern ist jedoch eine mächtige **Morgenländische Platane** *(Platanus orientalis L.)*, welche die Rasenfläche beherrscht.

Auf einen bei uns zunehmend selteneren Baum möchte ich Sie noch aufmerksam machen: Gegenüber vom Heine-Haus schmiegt

sich ein stämmiger **Echter Quittenbaum** *(Cydonia oblonga Mill.)* an das Gebäude Elbchaussee 50.

Wir gehen jetzt die Elbchaussee stadtauswärts weiter.

Hinter dem Hohenzollernring auf der rechten Seite, Ecke Rulantweg/Elbchaussee steht der in Hamburg seltene **Taschentuchbaum** (andere Standorte: s. Register). Diesen kleinen Baum, der hier etwas versteckt wächst, werden Sie wahrscheinlich nur zur Blütezeit im Mai finden.

Später erreichen Sie Schröders Elbpark. Direkt an der Elbchaussee vor dem Eingang zum Park steht eine mächtige **Eiche** (Umfang 4,75 m), etwas zaghaft von einer Holzumfassung „geschützt". Im Park finden sich weitere kräftige Eichen, von der mindestens eine einen Umfang von etwas über 4 Metern aufweist.

Der spektakulärste Baum aber wächst in einer Entfernung von ca. 50 Metern von der erwähnten Eiche am Straßenrand im Vorgarten des Hauses Nr. 211 unmittelbar hinter dem Zaun: ein 25 Meter hoher **Tulpenbaum** (Umfang 3,35 m), eines der ältesten Exemplare seiner Art in Hamburg (Foto S. 86).

Wir befinden uns hier im Übrigen auf historischem Gelände: 1824 kaufte der Großkaufmann und Mäzen Johann Schröder das gesamte Anwesen von dem englischen Bankier John Thornton. Das Grundstück wurde aufgeteilt, das ursprüngliche Gebäude 1913 durch das heutige ersetzt, später in Einzelwohnungen umgewandelt. Der schöne gegenüberliegende ockerfarbene „Halbmond", ehemals Wirtschaftsgebäude, ist ein Bauwerk des Architekten und Baumeisters Chistian Fredrik Hansen, der in Hamburg viele schöne Gebäude schuf.

1953 schenkte Helmut Schröder der Stadt Hamburg den östlichen Teil des Parkgeländes. Seitdem ist Schröders Elbpark öffentlich zugänglich.

Wenn Sie hinter dem Haus 215 in den Övelgönner Hohlweg einbiegen, werden Sie links im Garten der Elbchaussee 211 eine hohle, arg geschädigte und sanierte **Eiche** erblicken. Auch sie wird fast 200 Jahre alt sein. Der Orkan von 1974 riss ihr einen Teil der Krone ab.

Rückfahrt: Zu Fuß oder mit dem Bus 286 zur S-Bahn Othmarschen. Alternative: Sie gehen noch eine Weile die Elbchaussee entlang bis zur Holztwiete. Dann könnten Sie den folgenden Rundgang anhängen:

7

Tulpenbaum

Elbchaussee
Othmarschen

Linke Seite: Eine Eiche mit „Durchblick" im Hintergarten der Elbchaussee Nr. 211. Foto: April 1997

8 Reemtsmapark und Jenischpark

Bus 36, 286 bis Holztwiete

Sie biegen von der Elbchaussee in die Holztwiete ein. Bevor Sie die Parkanlagen besuchen, könnten Sie einen kleinen Abstecher in den Buchenhof (1. Straße rechts) und dann in den Albertiweg machen.

Im Vorgarten des Buchenhofs 1 wächst eine gewaltige **Kiefer**, die ihre vielen Äste in alle Himmelsrichtungen ausstreckt. Alter: über 150 Jahre, Umfang: 3,30 Meter!

Im anschließenden Albertiweg sehen Sie linker Hand eine kleine Grünanlage mit mehreren Findlingen. Die mächtige **Eiche** links ist kerngesund, obwohl sie dort bereits etwa im Jahre 1770 gesetzt wurde. Ihr Umfang beträgt beinahe 5 Meter.

Etwas weiter, neben dem Neubau Albertiweg 6, macht eine andere gewaltige **Eiche** durch ihren besonderen Wuchs auf sich aufmerksam: Sie ist hoch gewachsen, teilt sich kurz über der Erde in mehrere Hauptstämme und weist einen Umfang von 5,25 Metern auf.

Die drei letztgenannten Bäume stelle ich Ihnen exemplarisch für die Vielzahl von alten und schönen Bäumen vor, die als dendrologische Leckerbissen in zahlreichen Gärten der Elbvororte wachsen. Sie haben jetzt bereits etliche Baumarten kennen gelernt. Trauen Sie sich und unternehmen Sie auf eigene Faust einige Erkundungsspaziergänge in diesen Stadtteilen, in

8

Mächtige Eichen

Buchenhof
Othmarschen

Linke Seite, oben: Ein Blick in den blühenden Tulpenbaum in der Elbchaussee Nr. 211. Foto: Juli 1998 *(Text S. 85)*

Linke Seite, unten: Jede einzelne „Tulpenblüte“ ist ein kleines Wunderwerk! Foto: Juli 1998

Die auffällig hoch gewachsene Eiche mit vielen Einzelstämmen im Albertiweg Nr. 6. Foto: März 1999

denen Sie Dutzende von Baumschönheiten entdecken werden!

Wir gehen zurück, biegen rechts in die Holztwiete und erreichen sehr schnell den Eingang zum:

Reemtsmapark

Dieser kleine Park ist vielen unbekannt, obwohl er eine interessante Historie hat: Er ist der Rest eines 1865 von Friedrich Joachim Christian Jürgens für den Senator Schütte angelegten Landschaftsgartens. Er wurde im Auftrag des neuen Besitzers Philipp Fürchtegott Reemtsma 1930 von Leberecht Migge neu gestaltet. In Hamburg hat die Familie Reemtsma nicht nur durch die Zigarettenproduktion einen Namen, sondern ist durch ihr Mäzenatentum bekannt. Als Beispiel seien hier nur genannt die Unterstützung des Künstlers Ernst Barlach und dessen Museum im Jenischpark oder die Gründung des Institutes für Sozialgeschichte durch Jan Philipp Reemtsma.

Der untere (westliche) Teil des Gartens ist öffentlich. In ihm finden Sie von der Holztwiete aus gesehen links des Teiches am Weg mehrere Stämme der **Parrotie** *(Parrotia persica, DC.)*, auch **Eisenholz** genannt. Diese kleine Baumart kommt im nördlichen Iran bis zum Kaukasus vor. Sie fällt durch ihren Stamm mit seiner an Platanen erinnernden abblätternden Schuppenborke auf.

Wenn Sie jetzt in den oberen Teil des Parkes schauen, werden Sie links am Rand des Rasens eine ausnehmend schöne und sehr große mehrstämmige **Rosskastanie** erblicken.

Auf dem Rasen zwischen dem Verwaltungsgebäude und dem Teich stehen weitere bemerkenswerte Bäume: mehrere sehr große **Platanen**, eine **rot blühende Rosskastanie** und eine sehr schöne **Trauerbuche**.

Hinter dem Verwaltungsgebäude wächst – eingeklemmt zwischen Garagen – einer der prächtigsten Bäume des Parkes: Eine stämmige **Roteiche** *(Quercus rubra L.)* mit einem Stammumfang von 4,80 Metern! Ihr Alter beträgt wenigstens 200 Jahre (Foto S. 90).

Noch weiter östlich – vor allem rechts neben dem Haupteingang von der Parkstraße aus gesehen – steht eine ganze Reihe kräftiger **Eichen** (mehrere mit einem Umfang von 4,20 m), die mindestens 200 Jahre alt sein dürften.

Wir gehen zurück in die Holztwiete. Auch dort wachsen mehrere imposante Baumexemplare, die von der Straße aus gut erkennbar sind: Nr. 6a bietet eine mächtige **Eiche** (Umfang 6,25 m), dahinter (Nr. 4a) macht sich eine gewaltige mehrstämmige **Blutbuche** (Umfang 5,75 m) breit. Wenn Sie ein wenig weiter in die Seitenstraße des Klein Flottbeker Weges (Nr. 89) wandern, treffen Sie auf eine überdurchschnittlich hohe **Rotbuche** (Umfang 4,75 m).

Gegenüber vom Eingang des Reemtsmaparkes betreten wir nun den:

8

Parrotie

Reemtsmapark Othmarschen

Linke Seite:
Im Reemtsmapark – keine Platane sondern eine Parrotie (Eisenholz)!
Foto: März 1995

Die mehrstämmige Rosskastanie des Reemtsmaparkes in Blüte.
Foto: Mai 1997

Jenischpark

Hierüber habe ich ausführlich im Band I geschrieben (Kapitel 12, S. 121–136), sodass ich mich auf einige Ergänzungen beschränke:

Zum Thema **„Birke liebt Eiche inniglich“** (Bd. I, S. 134) benachrichtigte mich Frau H. Schmidt, deren Vater früher im damals noch nicht öffentlichen Jenischpark Gärtner war, dass es die Birke in der Eiche bereits 1926 als ganz kleines Bäumchen gegeben habe. Frau E. Dujesiefken besitzt sogar ein 1942 auf Wunsch des seinerzeitigen Gauleiters und Reichsstatthalters K. Kaufmann vom Hamburger Tageblatt zusammengestelltes Büchlein, das nur für Hamburger Soldaten bestimmt war: In ihm stellt eine Zeichnung das „Baumkuriosum vom Jenischpark“, die Birke, als etwa 30–40 Jahre alten Baum dar. Somit wäre die Birke heute mindestens 80 Jahre alt!

Im Bd. I, S. 127 ff., ließ ich die uralte **Stieleiche** ganz persönlich sprechen. Sie werden im Jenischpark jedoch noch etliche andere mächtige Eichen finden, die zwischen 200 und 400 Jahren alt sind. Ein Fotograf aus Thüringen fand die beiden auf der Seite 92 abgebildeten Exemplare besonders eindrucksvoll.

Den ältesten **Ginkgo** Hamburgs (Bd. I, S. 123 ff.), der ca. 100 Meter vom Eingang Hochrad im nördlichen Teil des Parkes schnell zu finden ist, zeigen die Fotos auf Seite 93.

Der Hamburger Schriftsteller Hans Leip, Verfasser des Textes zu dem weltweit bekannt gewordenen Lied „Lili Marleen“, schrieb 1938 „Der Ginkgobaum“, eine Liebesgeschichte zwischen einer deutschen Studentin und einem jungen japanischen Arzt. Sie beginnt just hier unter diesem Baum mit den Worten: *Im Jenischpark auf dem hohen Ufer zu Teufelsbrück bei Altona steht ein ehrwürdiger Ginkgobaum … Eines sonnigen Nachmittags kam …* Mehr verrate ich Ihnen nicht!

In diesem Teil des Parkes wachsen etliche zum Teil exotische Gehölze wie der kleine **Trauerschnurbaum**, unübersehbar am Rande der Rasenfläche 40 Meter vom Ginkgo entfernt, oder die spektakuläre **Mähnenfichte** *(Picea breweriana)* am Rande der kleineren Rasenfläche zwischen dem Ginkgo und dem Parkeingang Hochrad.

Zu einigen Eichen, von denen gleich noch die Rede sein wird, passt das Gedicht auf der folgenden Seite.

8

Mähnenfichte

Jenischpark
Othmarschen

Linke Seite, oben:
Im Reemtsmapark – die prächtige Roteiche nach dem ersten Herbststurm.
Foto: Herbst 1997

Linke Seite, unten:
Das Laubwerk derselben Roteiche in Herbstfärbung aus der Vogelperspektive.
Foto: Herbst 1997

***Alte Eichen im Jenischpark* (Auszug)**

Als Wallenstein vor der Breitenburg lag,
da schon kamen wir an den Tag.
Baron von Voght, der hat uns gehegt,
wir haben Klopstock das Herz bewegt,
auf flaggenbunt ausfahren sahen wir
Nelson, den Helden von Abukir.
Wir kannten Dehmel und Liliencron,
den lebenslustigen Poggfredbaron,
ja, wir stehen hier nicht wie Buche und Fichte,
wir sind schon ein Stück Kulturgeschichte,
wir wissen Bescheid in der Zeit vom Barock
bis zu Lichtwark, Falke und Gorch Fock.
...
Immerhin, wir haben es ausgehalten,
wir blieben dieselben unter Sturm und Gewalten
fest in der Erde, bald grün, bald kahl,
dreihundert Sommer, dreihundertmal.
Ein wurzelnder Stamm, ein knorriger Ast,
das ist doch was in des Lebens Hast!

Albert Mähl

Oben: Der Fotograf Uwe Conrad, Gera, schreibt dazu: „Dieses beeindru-ckende Eichenpaar steht etwa 100 Meter nordwestlich der ‚Birke in der Eiche'. Ich taufte die beiden Eichen ‚Er und Sie'." Foto: Oktober 1999

Unten: Die Alteiche steht nicht weit entfernt vom Eichenpaar, direkt am Weg, der parallel und westlich der Flottbek verläuft. Der Fotograf Conrad: „Der schöne Baum dient Kindern als Erlebnisspielplatz. Der Junge wird sicher noch als alter Mann an seinen Hochsitz im Eichenzwiesel denken!" Foto: Oktober 1999

Da ich Ihnen in diesem Buch viele **Stieleichen** vorgestellt habe, denn sie ist die bei uns hauptsächlich vorkommende Eichenart, möchte ich Sie zu zwei der im Hamburger Raum sehr seltenen **Traubeneichen** *(Quercus petraea)* führen: Die beiden noch nicht sehr alten Bäume stehen hintereinander auf der Rasenfläche etwa 60 Meter nordöstlich des Jenischhauses, 20 Meter hinter der uralten doppelstämmigen Edelkastanie (s. Bd. I, S. 129–131). Das einfachste Unterscheidungsmerkmal im Vergleich zur Stieleiche ist, dass bei der Traubeneiche (auch Wintereiche genannt) die Eicheln **nicht** an Stielen hängen, sondern in kleinen „Trauben" dicht nebeneinander wachsen. Dementsprechend sitzt die weibliche Blüte eng in den Blattachseln am Ende der Jungtriebe.

Rückfahrt: Bus 115 (Marxsenweg, gegenüber vom Eingang Hochrad) oder S-Bahn Klein Flottbek (10 Minuten zu Fuß). Oder Sie setzen Ihren Spaziergang fort:

8

Traubeneichen

Jenischpark Othmarschen

Der Ginkgo im Sommer 1998. Links davon der hübsche rotblättrige Fächerahorn. (Text S. 91)

Sehr hübsch hat die Fotografin MacLean of Coll die feine Struktur des Ginkgoblattes im Gegenlicht herausgearbeitet. Foto: Herbst 1998. Dieses Blatt mit Ginkgobaum (Ausschnitt) und Ginkgofrüchten ist als Postkarte beim Autor erhältlich.

9 Klein Flottbek – Flottbek – Hochkamp: Die alte Bahnhofs-Blutbuche – Speierling und andere – Die alte Sohrhofweide – Die gefrevelte Rotbuche

9a

Goldregen

Baron-Voght-Straße Klein Flottbek

S-Bahn, Busse 115 und 184 Klein Flottbek

Unmittelbar südlich des S-Bahnhofs an der Jürgensallee steht noch:

9a Der alte Eisenbahnhof Flottbek mit der Blutbuche

Linke Seite:
Der prächtige Goldregen macht seinem Namen alle Ehre!
Foto: Juni 1996

Sehr bald nach der Inbetriebnahme der Eisenbahn Altona-Blankenese (1867) wurde hier die Haltestelle „Flottbek" errichtet, 1902 in „Klein Flottbek" umbenannt.

Vor ihr breitet eine herrliche **Blutbuche** ihre schöne Krone aus. Wir können annehmen, dass dieser Baum zwischen 1867 und 1902 im Zusammenhang mit dem Bahnhof – genau genommen dem Abfertigungsgebäude – gepflanzt wurde.

Wenn Sie einen außergewöhnlich großen **Goldregen** *(Laburnum anagyroides Med.)* sehen möchten, dann folgen Sie der Jürgensallee stadteinwärts und biegen links in die Baron-Voght-Straße ein. Etwa 40 Meter links vor der S-Bahn-Unterführung steht im Gebüsch ein sehr alter mehrstämmiger Goldregen, von dem man nicht weiß, ob er wegen Altersschwäche in Zukunft noch so schön blühen wird wie auf den Fotos dokumentiert ist.

Wir gehen durch die Unterführung, halten uns links und stehen bald auf der anderen Straßenseite vor dem Botanischen Garten.

Unten:
Der alte Goldregen.
Foto: Juni 1996

Düsse scheune olle Wichel

Wat weern wi as Jungs op düssen Wiedenboom geern rümkraxelt! Düsse scheune olle Wichel roppt een noch hüüt: Kumm rop, kiek di dat Spillwark dor ünnen von boben an, dat is en Welt for sik! – Wat meent ji, Geerdje un Hans un Erni, harrn wi uns dor villicht en Boomhöhl' boot, so dicht an'e Beek. Dat harrn wi wiß mookt, oll Frünnen, wat?!

Vokabular:
weern = wären;
Wichel = Wiedenboom = Weide;
Spillwark = Theater; wiß = bestimmt.

Vorbei?

Einsam, verletzt und vergessen steht er da. Ein Baum ... Respektlos nahmen die Menschen ihm seinen Stamm, seine Krone und damit auch seinen Stolz, seine Schönheit, sein Leben. Aber warum? ...Wie wundervoll seine Blätter im Wind geraschelt, seine Äste sich dem Himmel entgegengestreckt hatten, als wollten sie ihn berühren. Vorbei. Die Zeit der Bäume ist nun vorbei. Die Menschen wollen Häuser, Straßen, Ordnung. Da stand der Baum im Weg. Vielleicht hat er ihnen auch nur zuviel Licht weggenommen, zuviel Laub abgeworfen. Sie kamen einfach und fällten ihn ... Einsam, verletzt und vergessen steht er da. Doch er gibt nicht auf... So läßt er neue Zweige, neue Blätter wachsen. Und mit jeder Knospe blüht auch seine Hoffnung wieder auf. Hoffnung auf Leben. Vielleicht ist es doch noch nicht vorbei.

1998, Sabine Schwarz, Schülerin, 14 Jahre (leicht gekürzt, sonst unverändert)

9b Der Botanische Garten: Speierling, Mammutbäume, Taschentuchbaum und viele andere

Dieser „neue" Botanische Garten wurde 1979 für die Öffentlichkeit freigegeben.

Sie finden in ihm natürlich keine Uralt-Bäume aber doch eine beachtliche Artenvielfalt. Sie können sich die Bäume leicht selbst „erwandern", da sie mit Namensschildern gekennzeichnet sind. Darüber hinaus ist am Eingang eine Broschüre erhältlich, die Ihnen Hinweise zum Baumbestand gibt.

Ich mache Sie auf einige Arten aufmerksam, die Sie ganz in der Nähe des Einganges finden. Wenn Sie diesen betreten, werden Ihnen gleich links des Weges mehrere noch nicht sehr große **Mammutbäume** auffallen. Etwa 50 Meter halb links vom Eingang entfernt steht auf einer Wiese ein kleiner etwas beschädigter **Taschentuchbaum**.

Falls Sie einen der wenigen **Speierlinge** *(Sorbus domestica L.)* Hamburgs sehen möchten (oder ist es gar der einzige?), dann müssen Sie sich halb rechts vom Eingang halten. Dort steht er als einziger kleiner Baum inmitten des Nutzpflanzenbereichs.

9c

Weide

Sohrhof
Groß Flottbek

Linke Seite:
So sah die alte Sohrhofweide im April 1996 aus.

9c Die alte Sohrhofweide

Nicht sehr weit vom Botanischen Garten entfernt wuchs bis 1998 eine sehr alte **Weide** im Sohrhof 44. Leider wurde sie gefällt. Das Foto gibt Ihnen jedoch einen guten Eindruck von dem urigen Baum.

Was der Hamburger Schriftsteller und Journalist Günter Harte, u. a. bekannt durch „Hör mal 'n beten to!" und seine Kolumne „Lütt beten Platt mit 't Abendblatt" zu dem Baum meinte, können Sie auf der gegenüberliegenden Seite oben lesen.

Zwei Klassen des Christianeums bekamen 1998 von ihrem Lehrer die Aufgabe, über die Weide eine Geschichte zu schreiben. Ich wählte zwei von ihnen aus. Die auf der Seite 99 abgedruckte Geschichte ist typisch für den heutigen „Jugendjargon".

Zu fällen einen schönen Baum,
braucht's eine halbe Stunde kaum.
Zu wachsen, bis man ihn bewundert,
braucht er, bedenk es, ein Jahrhundert.

Eugen Roth

Der Baum

Neben unserer Schule parkt ein voll fetter Baum. Es ist, glaube ich, eine Weide oder wie man diese Dinger sonst noch nennt. Bis vor kurzem hatte er noch krass lange Äste, dann kamen die Gärtner und holzten sie ihm ab. Jetzt sieht er aus wie ein Vollkrüppel. Zur Zeit geht da draußen nichts ab, aber im Sommer hängen da wieder die kleinen Mutanten rum, oder einige Pauker halten ihre nervigen Reden. Der Baum hat bestimmt schon viel gesehen, was in dieser Penne so läuft, und echt so einige Spacken ertragen müssen, ohne sich wehren zu können.

1998, Tilman Richers, Schüler, 16 Jahre

9d

Rotbuche

Heimburgstraße Klein Flottbek

9d Die gefrevelte Rotbuche

Die Täter kamen im Morgengrauen. Ritsch, ratsch, schnitten sie im Vorgarten einer Villa … mit einer Motorsäge die unteren Äste einer mächtigen Blutbuche (Rotbuche) *ab und machten sich dann am Stamm zu schaffen. Schon hatten sie einen 35 cm tiefen Halbring um die etwa 150jährige Buche gesägt …*

So dramatisch begann ein Bericht über diesen Baumfrevel im „Zeitmagazin" vom 9.5.1986. Unser Baum, eine **Rotbuche**, ist also „berühmt" geworden. Da sie laut Schadensbericht des Baumdienstes seinerzeit einen Umfang von 3,52 Metern hatte, wird sie eher knapp 100 als 150 Jahre alt gewesen sein. Aber es ist in jedem Fall ein sehr schöner großer Baum und äußerst erfreulich, dass er durch aufmerksame Nachbarn gerettet werden konnte!

In dem erwähnten Artikel hieß es weiterhin: … *hartnäckig hielt sich das Gerücht, der damalige Eigentümer selbst habe sie („die Finstermänner mit der Säge") engagiert – die Buche nämlich blockierte wertvollen Bauplatz auf dem Grundstück, und der Besitzer hatte bereits vergeblich um die Genehmigung nachgesucht, den alten Baum fällen zu dürfen.*

Dem Baumdienst ist das Überleben der Rotbuche zu verdanken: Er verschloss den Schnitt mit einer Sperrholzplatte, trug Wundverschlussmittel auf, lichtete die Krone des Baumes und legte Infusionen mit einer Nährlösung. Für die kalte Jahreszeit erhielt der verletzte Stamm einen Mantel aus Glaswolle. Die Rotbuche wächst in der Heimburgstraße 10 (Ecke Polostraße).

Linke Seite: Deutlich ist der Schnitt im Stamm der an Ästen und Zweigen reichen Rotbuche zu erkennen. Der „Doktor" ist bereits im Einsatz! Foto: März 1985

10 Von Teufelsbrück nach Blankenese: Die urige Hohlpappel – Berühmte Linden – Uralte Eichen – Japanische Schirmtanne

10a

Hohlpappel

Elbuferweg Klein Flottbek

Bus 286; Schnellbusse 36, 39; Eilbus 86 Teufelsbrück

Von Teufelsbrück gehen Sie auf dem Elbuferweg flussabwärts, vorbei an dem steinernen Anzeiger mit den Flutmarken von 1962 und 1976 und sehen rechts, direkt neben der Elbchaussee, eine **Robinie**. Sie wurde im Frühling 1999 von der „Morgenpost" flugs zu Hamburgs **schönster Robinie** gekürt. Das mag übertrieben sein, aber dieser Baum zeichnet sich aufgrund seiner Mehrstämmigkeit durch eine hübsche breite Krone aus.

Den Robinien steht vielleicht eine große Zukunft bevor: Ihr Holz ist nämlich sehr haltbar und fest. In mehreren europäischen Ländern werden in Zusammenarbeit mit der Hamburger Universität Versuche angestellt, um das schnell wachsende Robinienholz in naher Zukunft als Ersatz für Tropenholz einsetzen zu können.

Wir folgen dem Elbuferweg und treffen nach einigen Hundert Metern unmittelbar links am Weg vor der kleinen Mauer einen auffällig breiten, gedrungenen Baum. Er ist alt genug, um selbst von sich erzählen zu können:

Linke Seite, oben: Die alte Hohlpappel: „Hier sehen Sie mich in meiner ganzen Größe. Das war im Dezember 1996."

Linke Seite, unten: „Eine Nahaufnahme meines urigen Stammes einige Monate später."

10a Die alte Hohlpappel: „Ich bin ein wichtiger Zeitzeuge!"

*Mein genauer Name ist **„Kanadische Pappel"** (Populus x canadensis). Aber bitte, nennen Sie mich getrost Hohlpappel. Da bin ich nicht so empfindlich. Was mich allerdings verletzt, ist, dass an mir jedes Wochenende Tausende von Fußgängern vorbeigehen, ohne sich für mich näher zu interessieren, geschweige denn etwas Genaues über mich zu wissen. Schließlich bin ich eine Persönlichkeit, kann einen Umfang von 6,45 Metern aufweisen und bin deutlich mehr als 100 Jahre alt! Und meine Äste werden sogar regelmäßig gekappt, damit ich nicht auseinanderbreche!*

Hamburger Montags-Blatt.

Das „Hamburger Montagsblatt" erscheint wöchentlich einmal: **Montag früh**, als Gratis-Beilage des „Hamburger Fremdenblattes".
Chefredacteur: Dr. Fr. Menck.
Verantwortlich für den politischen und vermischten Theil: F. Bombach. für Tagesbericht und Nachbargebiete: J. Niclassen; sämmtlich in Hamburg.

Sonder-Ausgabe des Hamburger Fremdenblattes.

Die Zustellung des „Montagsblattes" am **Montag früh, gleich nach der Ausgabe**, geschieht durch die Postanstalten und die Colporteure zum Preise von 30 ₰ pro Quartal.
Druck und Verlag von **Gustav Diedrich & Co. m. b. H.**
Expedition: Gr. Bleichen 40.

Nr. 29. | **Montag, den 21. Juli, Vormittags.** | Drittes Quartal — **1902.**

Ein furchtbares Unglück auf der Elbe!

Circa 100 Personen vermißt!

Ein geradezu entsetzliches Unglück, das sich in seinen Folgen noch garnicht absehen läßt, hat sich in der letzten Nacht gegen 12½ Uhr auf der Elbe unweit Nienstedten zugetragen. Der Buxtehuder Dampfer „Primus" fuhr mit den Mitgliedern der Liedertafel „Treue", etwa 190 Personen, von Cranz a. d. Elbe nach Hamburg zurück. Unfern Nienstedten, als der „Primus" aus der Este kam, gerieth der „Primus" mit dem elbabwärts fahrenden großen Schleppdampfer „Hansa", der Hamburg-Amerika Linie gehörig, in Collision, in Folge deren der Dampfer „Primus" sich schnell mit Wasser füllte und sank. Der „Primus" wurde fast durchgeschnitten. Von den Ausflüglern wurden etwa 90 Personen von schnell zu Hülfe kommenden Dampfern, sowie von der „Hansa" gerettet, während die anderen Personen vermißt werden. Ob diese Vermißten, ca. 100 Personen, alle ertrunken sind, ließ sich zur Zeit noch nicht feststellen. Mehrere Leichen wurden bereits gefunden und gelandet. Die „Hansa" kehrte noch während der Nacht nach Hamburg zurück.

Die Liedertafel „Treue", Eilbek,

bittet dringend alle Angehörigen Derjenigen, die bei der Ausfahrt am Sonntag verunglückt sind oder vermißt werden, ihre Namen anzugeben und die ihnen möglichen Angaben zu machen bei Fr. Koch, Schellingstraße 43. Auch die Geretteten werden gebeten, sich dort zu melden.

Sehr gut kann ich mich an die Sturmflut 1962 erinnern. Ich dachte, mein letztes Stündchen hätte geschlagen. Viele Stunden stand ich 2 Meter tief im gurgelnden dreckigen Elbwasser. Es war im ungemütlichen Februar und eine der verheerendsten Sturmfluten, die Hamburg je heimgesucht hatte: 315 Menschen starben, mehr als 20.000 Menschen mussten ihre Häuser verlassen.

Was murmeln Sie da? Das hätten **Sie** *auch miterlebt!?*

Nun gut, dann werde ich Ihnen von einem höchst dramatischen Ereignis berichten, das Sie ganz sicher nicht erlebt haben. Für mich dagegen war es absolut unerwartet und entsetzlich!

Es war nachts im Juli des Jahres 1902. Ich war noch ein relativ junger Baum und döste so vor mich hin. Plötzlich hörte ich von fern durch das Dunkel einen lauten Knall und dann viele laute Schreie … Schreie und Gewimmer. Es war absolut grässlich! Später erfuhr ich, dass in unmittelbarer Nähe ein großer Schleppdampfer mit einem Ausflugsschiff namens „Primus" zusammengestoßen war, das durch die Wucht des Aufpralls fast durchschnitten wurde und schon nach 14 Minuten versunken war.

Auf der Primus waren die Mitglieder einer Liedertafel aus Eilbek. 103 Menschen starben – und das nur 35 Meter vom Elbufer entfernt! Unglaublich – aber wahr. Sie trauen meinen Erzählungen nicht ganz?! Bitteschön, folgen Sie weiter diesem Weg. Etwa 100 Meter hinter dem Imbiss-Restaurant „Kleine Rast" finden Sie linker Hand einen Stein mit einer Gedenktafel, die meinen Bericht bestätigt.

Darüber hinaus habe ich für Sie aus den Archiven zwei Zeitungsausschnitte heraussuchen lassen.

Der Schwere des Unglücks angemessen, wurde etwa in der Mitte des Ohlsdorfer Friedhofs ein großes Grabmal für die Opfer der Primus-Katastrophe geschaffen. Wo genau? Auf dem Friedhof finden Sie Pläne: Koordinaten: U 30, 9–59 / U 31, 1–41.

Sicher wollen Sie jetzt weiter. Ich wünsche mir, dass Sie mir in Zukunft ein wenig Respekt entgegenbringen – jetzt, nachdem Sie mich ein bisschen kennen gelernt haben!

5 Meter hinter der „Kleinen Rast" können Sie einige Stufen rechts hochgehen und einen etwas geheimnisumwitterten Tunnel kennen lernen. Über dem Eingang des modernisierten Tunnels ist der Originalstein eingesetzt mit der Inschrift

1894
J. R. S.

10a

Hohlpappel

Elbuferweg
Klein Flottbek

Linke Seite, oben:
Die erwähnte Gedenktafel unweit der Hohlpappel.

Linke Seite, unten:
Das stand im Hamburger „Echo" vom 22. 7. 1902

Dies war früher der Privattunnel des damaligen Besitzers des dahinter liegenden Geländes **J**ohann **R**udolf **S**chröder. 1939 wurde der Tunnel als öffentlicher Durchgang geschlossen, diente im Zweiten Weltkrieg als Luftschutzbunker und dann als Materiallager. 1984 wurde er wieder zur öffentlichen Unterführung.

Jenseits des Tunnels sehen Sie zwei Gebäude: rechts den riesigen 125-Millionen-Mark-Neubau des im Jahr 2000 fertig gestellten Internationalen Seegerichtshofs, dessen Sitz Hamburg nach langem Kampf und gegen starke internationale Konkurrenz erhielt, links davon steht die ehemalige Villa Schröders, die renoviert und zu Kasinoräumen des Seegerichtshofes wurde.

Auf diesem Gelände und in den folgenden Gärten bis hoch zur Elbchaussee 400 stehen zahlreiche alte Bäume, unter denen sich viele schöne **Eichen** aber auch **Blutbuchen** und **Platanen** hervorheben. An der Ecke Elbchaussee / Sieberlingstraße überrascht uns neben einer Einfahrt eine alte **Eibe**.

Gegenüber an der Rückseite des Restaurants und Hotels Louis C. Jacob wachsen:

10b Die berühmten Linden auf „Jacobs Terrasse“

10b

Linden

Elbchaussee Nienstedten

Der französische Kunstgärtner Jacques, ein Hugenotte, später Jacob I. genannt, gründete 1791 das traditionsreiche Restaurant. Er pflanzte die **Linden** des malerischen Terrassen-Restaurants, die durch den Maler Max Liebermann so berühmt wurden. Dieser schuf 1903 eines der Hauptwerke des deutschen Impressionismus „Terrasse bei Jacob in Nienstedten“, von dem ein Ausschnitt die Speisekarte (Terrassenkarte) des heutigen Restaurants schmückt. Vor einigen Jahren wurden die Terrasse und alle dazugehörigen Gebäude aufwändig und geschmackvoll renoviert. Die heutigen Linden sind wahrscheinlich nicht mehr die ursprünglich von Jacob I. gepflanzten Bäume. Dennoch dürften die ältesten bedeutend älter als 100 Jahre sein. Sie setzen eine mehr als 200 Jahre alte Tradition fort: Sie wurden mit einem engen Abstand gepflanzt, unten und seitlich regelmäßig geschnitten, ihre Kronen wuchsen schnell zusammen und formten ein dichtes Dach (Fotos S. 106).

Linke Seite, großes Bild: Auf den Metalltafeln des Grabmals stehen Einzelheiten zu dem Unglück. Der passende Hintergrund: eine Trauerbuche! Foto: Mai 1997 (Text S. 103)

Seit 1956 steht die Terrasse einschließlich der Linden als Denkmal der Gartenkunst unter Schutz.

Die Preise für einen Nachmittagskaffee auf der Terrasse sind übrigens durchaus erschwinglich. Ein Besuch der Linden-Terrasse ist fast ein „Muss“ für Hamburg-Touristen!

Linke, Seite, kleines Bild: Nur eines der 103 Opfer. Gerade 20 Jahre alt geworden! Foto: Mai 1997

Von hier aus lässt sich sehr gut ein kleiner Abstecher zum Nienstedtener Marktplatz mit seiner 1898 gepflanzten **Doppel-Eiche** (s. Bd. I, Doppel-Eichen, S. 195) und zur hübschen, mit großen Bäumen umstandenen Nienstedtener Kirche machen.

Wir gehen die Jacobs-Treppe auf den Elbuferweg zurück, nach rechts am Restaurant „sin Döns“ vorbei und passieren den vorhin erwähnten Gedenkstein zum Primus-Unglück. Rechts des Weges laden einige Schautafeln über Bäume und Vögel zum Verweilen ein. Wenn wir die nächste Treppe rechts (Franz-Gartmann-Treppe) beschreiten, befinden wir uns plötzlich unter den „Aufsteigern“ und gelangen bald in den:

10c Hirschpark: Mächtige Eichen – Bergahorn im Herbstkleid – Japanische Schirmtanne – Sterbende Alt-Blutbuche

10c

Hohle Eiche

Hirschpark Mühlenberg

Zur Geschichte des Hirschparkes und seiner Bäume verweise ich auf Bd. I, S. 147 ff.

Hier noch einige zusätzliche Informationen und Fotos:

Wenn Sie vom nordöstlichen Teil des Parkes Richtung Bergahorn-/Lindenallee gehen, steht rechts des Weges eine alte hohle Eiche. Wie Hamburger über Generationen hindurch eine enge Beziehung zu „fremden" Bäumen aufbauen können, schildert Carl-Michael von Uexküll:

Was meine Großmutter mit Papi begann und mit mir fortsetzte, ist auch für meine Kinder eine große Attraktion im Hirschpark geworden. Auf den Spaziergängen bis dort lernte ich als kleinstes Kind schon Ausdauer kennen, denn es war ein weiter Weg von uns bis an die Elbe. Der Baum machte den Hin- und Rückweg kürzer und somit erträglicher.

Vor sich links sehen Sie nun den schönsten **Bergahorn** Hamburgs (Foto S. 108).

30 Meter hinter dem Bergahorn stehen auf dem Rasen zwei stattliche **Eichen** (Umfänge 4,92 und 5,12 m). Lassen Sie Ihre Blicke über den Rasen schweifen. Schnell werden Sie erspähen: eine große **Rosskastanie** (3,60 m Umfang) mit einem auffällig zur Seite ausladenden unteren Ast, der gern als Sitzgelegenheit benutzt wird, einen **Tulpen**- und einen **Trompetenbaum** sowie etwas weiter entfernt mehrere **Sumpfzypressen**.

Wir gehen weiter Richtung Lindenallee, biegen jedoch vorher nach links ab und spazieren dann parallel zur Lindenallee am Rasenrand vor den Rhododendronbüschen bis zu einer dendrologischen Rarität, einer

Linke Seite, oben: Die berühmten Linden vor der Renovierung der Terrasse des Hotels Louis C. Jacob. Foto: März 1987 (Text S. 105)

Linke Seite, unten: Von der Jacob-Terrasse mit dem Lindenlaubdach bietet sich ein herrlicher Ausblick auf die Elbe. Foto: Sommer 1996

Die fünfjährige Xenia von Uexküll hat es geschafft: Ruhepause in der hohlen Eiche im Hirschpark. Foto: Oktober 1997

Japanischen Schirmtanne *(Sciadopltys verticillata),* die etwa 120 Jahre alt sein soll (Foto S. 110)!

Hinter dem westlichen Ende der Lindenalle stoßen wir nun rechter Hand auf eine freistehende **Bismarck-Gedenkeiche**, die drei Jahre vor Bismarcks Tod gepflanzt wurde. Ein Kuriosum: Der kleine Baum hat sich wahrscheinlich aus einer Eichel des größeren Baumes entwickelt. Im Laufe der Jahre sind die Bäume zusammengewachsen (Foto S. 110).

Schon sehen wir vor uns auf der Rasenfläche die urige **Blutbuche**. Ihr Alter wird auf 250–300 Jahre geschätzt. Dieser ehrwürdige Baum ist sterbenskrank und musste seit Erscheinen von Band I vieles erdulden. Auch wenn diese Blutbuche in absehbarer Zeit absterben sollte, muss sie als Naturdenkmal erhalten bleiben. Sie verdient es, durch die Zeichnung und das Foto auf S. 110 besonders geehrt zu werden.

Herr H. Eichler schrieb mir zu seiner Zeichnung: *Schon beim ersten Kennenlernen faszinierte mich der mächtige, zerfurchte Stamm …* Er zeichnete ihn in vier Sitzungen (14 Stunden).

Wir verlassen diesen herrlichen Park vorbei an dem links liegenden reetgedeckten Haus mit dem empfehlenswerten Witthüs-Restaurant.

Unterhalb des Hirschparkes liegt der Mühlenberg und gegenüber das umkämpfte Mühlenberger Loch. Die Befürworter einer Teilbebauung dieses größten Süßwasserwatts Europas argumentieren mit „Hightech" und Arbeitsplätzen. Bei näherem Hinsehen zeigt sich aber, dass es sich hier wenig um Hightech, sondern vor allem um Zusammensetzen von Flugzeug-Einzelteilen handelt und dass die Schaffung von Tausenden von Arbeitsplätzen von Betreiberseite in keiner Weise zugesagt wird. Sicher ist dagegen, dass auf die ohnehin verschuldete Hansestadt erhebliche Kosten zukämen – ohne offene Kosten-Nutzen-Analyse!

Auf der anderen Seite sprechen zahlreiche Argumente für die Erhaltung des Mühlenberger Lochs in seiner heutigen Form: Es ist ein höchst wichtiges Rastgebiet für Wasservögel, unter ihnen mehrere seltene Vogelarten, ein Laichgebiet für etliche Fischarten, Biotop für seltene Pflanzen, gleichzeitig aber auch ein kulturelles und landschaftliches Erbe, das sich über Generationen entwickelt hat, Augenweide für Zigtausende von Spaziergängern und Wassersportlern. Einmal zugeschüttet und verschandelt durch

10c

Japanische Schirmtanne, Bergahorn

Hirschpark Mühlenberg

Linke Seite: Der alte Bergahorn im Herbstkleid und die doppelreihige Lindenallee. Foto: Herbst 1980er Jahre (Text S. 107)

Bismarck-
Gedenkeiche

14 Stockwerke (50 m!) hohe Montagehallen mit unklaren Folgen für die Strömungsverhältnisse der Elbe würde es unwiederbringlich für immer verloren sein, während diese Art des geplanten Flugzeugbaus vielleicht schon in 20–30 Jahren passé sein wird. Am grünen Tisch geplante so genannte ökologische Ersatzgebiete können keinerlei Ausgleich bieten.

Wir gehen jetzt durch die Gätgensstraße links in den unbekannteren Teil der Elbchaussee. Linker Hand strahlt das in einem schönen Park gelegene, von Christian Fredrik Hansen 1790/91 für Peter Godeffroy erbaute Landhaus, das seit 1934 dem Reeder J. T. Essberger gehört (Elbchaussee 547).

Ein Blick über den Zaun zeigt Ihnen große Buchen und insbesondere etliche stattliche Eichen. Direkt am Zaun steht ein **Eichen-Veteran** mit einem Riesenumfang von 6,20 Metern. Er mag gut 400 Jahre alt sein.

Wir gehen die Elbchaussee ein Stück zurück und kommen zur Godeffroystraße, wo uns im Vorgarten des Hauses Nr. 21 eine weitere **Rieseneiche** (Umfang 5,50 m) begrüßt (Foto S. 112).

Rückfahrt: S-Bahn Blankenese.

Dieser imposante Eichen-Veteran verlor bei einem Sturm einen gewaltigen Stark-Ast. Foto: April 1998

10c

Rieseneiche

Hirschpark Mühlenberg

Linke Seite, oben, außen: Die alte Schirmtanne. Foto: Juni 1998

Linke Seite, oben, innen: Die rechte Eiche wurde 1895 gepflanzt. Die linke entwickelte sich später. Foto: März 1998

Linke Seite unten, außen: Blickwinkel – Witthüs liegt im Rücken. Zeichnung: Anfang 1997

Linke Seite, unten, innen: Die andere Seite der Blutbuche. Foto: Mai 1998 (Text zu den Fotos links S. 109)

11 Blankenese: Der Buchendom in Goßlers Park. Hesse- und Baurs Park mit Rotbuche – Silberlinde – Trauerbuche – Esskastanie und ehemaligen Herrenhäusern

11a

Buchendom

Goßlers Park Blankenese

S 1, S 11 und Busse Bahnhof Blankenese

Nach dem Verlassen des Bahnhofs gehen wir rechts die Blankeneser Landstraße hoch bis zum rechter Hand gelegenen Goßlers Park, der ab 1794/95 dem englischen Courtmaster John Blacker gehörte. Er ließ oben auf dem Krähenberg ein repräsentatives Landhaus errichten und legte einen englischen Park an.

Nachdem das Anwesen von 1816–1886 der englisch-schottischen Familie Roß gehört hatte, kaufte es 1896 der Hamburger Kaufmann John Henry Goßler, der das 1901 durch ein Feuer vernichtete Herrenhaus wieder aufbauen ließ. 1924 erwarb die Gemeinde Blankenese das herrschaftliche Gebäude, in dem nun das Ortsamt tätig ist.

Die interessantesten Bäume des Parkes sind alte Buchen – die hier häufigste Baumart – und Eichen.

Eine besonders starke **Eiche** finden Sie übrigens etwa 30 Meter entfernt vom Baumrondell im Nordosten des Parkes. Sie weist einen Umfang von 5,15 Metern auf. In gut 2 Metern Höhe teilt sich ihr Stamm in vier Stark-Äste.

Linke Seite, oben: Diese Rieseneiche in der Godeffroystraße Nr. 21 bringt es auf einen Umfang von 5,50 Metern. Foto: Oktober 1996 (Text S. 111)

Linke Seite, unten: Der Blick nach oben in die Baumkronen macht den Namen „Buchendom“ verständlich. Foto: April 1998

11a Der „Buchendom“

Das oben erwähnte Baumrondell ist die größte dendrologische Attraktion dieses Parkes. Sie finden diese häufig als „Buchendom“ bezeichnete Baumgruppe, wenn Sie den Park durch einen Weg neben dem Haus Sülldorfer Kirchenweg 39 betreten, der Sie geradewegs hinführt.

Dieser eindrucksvolle **Baumring** wird von acht mächtigen, zum Teil gut 30 Meter hohen **Rotbuchen** und einer Eiche gebildet. Die beiden größten Bäume haben einen Umfang von 4,35 und 4,05 Metern.

Wurden sie vielleicht 1924 gepflanzt zur Zeit der Neu-Parzellierung dieses Parkteils? Ursprünglich waren es wohl zwölf Bäume – ein Zufall oder eine Anspielung auf die zwölf Apostel?

Wenn Sie sich beim Baumrondell auf eine Bank setzen und dann hoch nach oben in die Baumkronen schauen, werden Sie sogleich verstehen, wie es zu dem schönen Namen „Buchendom" kam!

Übrigens führten die beliebten Trauungen im erwähnten Ortsamt in den vergangenen 25 Jahren zur Pflanzung von etlichen **„Hochzeitsbäumen"** an verschiedenen Stellen des Parkes.

Wir kehren auf die Blankeneser Landstraße zurück und gehen dann die Blankeneser Bahnhofstraße hinunter. Sehr bald erblicken wir vor uns einen kleinen Platz mit zwei **Gedenk-Eichen**, die fast aneinander geschmiegt sind. Der dazugehörige Gedenkstein erinnert an „die Erhebung Schleswig-Holsteins ... und die im Kriege gegen Dänemark 1848–1849 Gefallenen ...". Die beiden Eichen wurden wahrscheinlich anlässlich des 50. Jahrestages 1898 gepflanzt.

Daneben zerbricht ein Soldat ein Gewehr: Ein Denkmal, das neuere Zeiten ins Gedächtnis zurückruft, als in der Bundesrepublik auf Demonstrationen gegen den Krieg am Golf protestiert wurde.

Wir biegen rechts in die Dormienstraße ein und stellen wieder einmal fest, wie viele Hamburger Baumraritäten im „Verborgenen“ wachsen: Gehen Sie z. B. hinter das Gemeindehaus in der Dormienstraße 3, so stoßen Sie dort unerwartet auf mehrere bei uns nicht sehr häufige Baumarten beachtlicher Größe: eine **Atlaszeder** (Umfang 3,80 m), ein schön gewachsener **Mammutbaum** (3,60 m Umfang) und ein mittelgroßer **Ginkgo**. Die Bäume stehen alle in einer Fluchtlinie. Wurden sie vielleicht einst im Gartenpark des Vorbesitzers angepflanzt?

Wir folgen der Dormienstraße bis zu ihrem Ende und betreten den nördlichen Teil des Hesseparkes. Er ist ein bescheidenes Überbleibsel des 1799 gestalteten Gartenguts von Rütger Heinrich Klünder. 1876 erwarb der Kaufmann G. Heinrich Hesse den Besitz, 1926 kaufte dann die Gemeinde Blankenese das Grundstück. Auch hier arbeitet heute das Ortsamt in dem weißen ehemaligen Landhaus Hesse.

In der Nähe des Gebäudes und am Rande der Rasenfläche treffen wir vornehmlich auf hohe Buchen und Eichen. Die große Rasenfläche wird von einer stattlichen **Rotbuche** beherrscht. Unterhalb der Teilung in vier starke Einzeläste beträgt ihr Umfang fast 5 Meter. Sie mag zwischen 120 und 140 Jahren alt sein. Wegen Bruchgefahr werden ihre Einzeläste seit 1990 durch starke Gummibänder zusammengehalten (Foto S. 116).

Wenn Sie sich vor diese eindrucksvolle Rotbuche stellen und gen Süden schauen, erblicken Sie einen **Ring** von zwölf mittelgroßen **Rosskastanien**, die halb links am Rasenrand wachsen. Dieser Kastanienkreis wurde in den 1950/60er Jahren gepflanzt.

Am Rasenrand gegenüber steht vor mehreren hohen Rotbuchen eine bemerkenswert große **Silberlinde** (Umfang 3,20 m), der von zwei Stahltrossen vom Boden aus Halt gegeben wird. Rechts von ihr finden Sie eine stattliche **Hängebuche**, gefolgt von zwei **Bergahorn**bäumen und einer kräftigen **Blutbuche** (Umfang 4,38 m).

Wir gehen nun auf der Blankeneser Bahnhofstraße nach Süden und lassen uns durch den Weg Baurs Park in den Park gleichen Namens führen.

Zwischen 1802 und 1815 kaufte der Altonaer Großkaufmann Georg Friedrich Baur aus mehreren Grundstücken einen großen

11a

„Gedenk-Eichen“

Blanken. Bahnhofstr.
Blankenese

Linke Seite:
Die beiden Gedenk-Eichen von 1898 und der gegen Krieg protestierende Soldat aus neuerer Zeit.
Foto: Juli 1997

Besitz zusammen und ließ ihn zu einem aufwändigen Park mit den unterschiedlichsten Kleinbauten wie Tempel, Pagode und Turmruine gestalten. Alle diese zur Zierde angelegten romantischen Gebäude sind verschwunden. Geblieben ist u.a. das von Johann Matthias Hansen Anfang der 1880er Jahre errichtete Herrenhaus.

Der damalige französische „Star-Gartenarchitekt" Joseph-Jacques Ramée formte den Park um und sorgte 1833 für zahlreiche Nachpflanzungen.

Heute sind hier etliche bemerkenswerte Bäume zu bewundern. Schon in der Straße Baurs Park grüßt Sie eine **Allee** von gut 20 schönen **Linden**. Nach dem Betreten des Parkes könnten Sie sich als ersten Baum eine kräftige **Eiche** anschauen, die auf einer kleinen Anhöhe nordwestlich des ehemaligen Herrenhauses wächst. Dieser robuste Baum mit ausladender, etwas asymmetrischer Krone und einem mächtigen Wurzelfuß weist einen Umfang von 5,40 Metern auf. Er stand hier ohne Zweifel schon vor 1802, als Baur mit seinen Grundstückskäufen begann.

Gehen Sie nun um das Gebäude herum und sogleich wird die hübsche **Trauerbuche** (Hängebuche) vor dem Haus auf dem Rasen Ihre Aufmerksamkeit auf sich ziehen, ihr Umfang beträgt 3,60 Meter, ihr Alter etwa 100 Jahre.

Wie bei allen Trauerbuchen lohnt es sich auch bei ihr, zu jeder Jahreszeit dicht an den Stamm zu treten und dann nach oben in das herunterhängende Ästegewirr zu blicken (Fotos S. 118)!

Wenige Meter östlich der Trauerbuche steht am Wegesrand eine weitere eindrucksvolle Baumgestalt: Eine hoch gewachsene **Edelkastanie** mit einem Umfang von 5,10 Metern. Sie ist eine der kräftigsten und ältesten ihrer Art in Hamburg (s. auch Bd. I, S. 130 f.). Es mag durchaus sein, dass sie 1833 von Ramée gepflanzt wurde.

Wenn Sie den Park im Süden verlassen, sollten Sie nicht versäumen, dem südwestlich von ihm gelegenen „Kanonenberg" einen Besuch abzustatten, von dem in früheren Zeiten die Schiffe mit laut hallenden Salutschüssen begrüßt wurden. Von dort und von der benachbarten „Ulrichshöhe" werden Sie mit fürstlichen Panoramablicken auf die Elbe belohnt.

Rückweg: Vom Mühlenberger Weg mit Bus 48 oder zu Fuß durch die Blankeneser Bahnhofstraße zum Bahnhof Blankenese.

11a

Trauerbuche

Baurs Park Blankenese

Linke Seite, kleines Bild: Die mehrstämmige Rotbuche beherrscht die Rasenfläche des Hesseparkes. Im Hintergrund: links der Kastanienring, ganz rechts die Silberlinde. Foto: Juli 1997 *(Text S. 115)*

Linke Seite, großes Bild: Der Veteran in Baurs Park – die alte Eiche auf der Anhöhe. Foto: Oktober 1997

● Vom Stadtpark nach Norden

12 Stadtpark

U 3 Saarlandstr.

Wir verlassen den U-Bahnhof und halten uns links. Hier in der Saarlandstraße treffen wir etwa 100 Meter vom Bahnhof entfernt zunächst auf eine sehr schöne, kräftige **Eiche**, die direkt rechts des Weges steht.

Achten Sie jetzt auf einen für seine Art recht großen **Katsurabaum** *(Cercidiphyllum japonicum)*, der auch als Kuchenbaum bezeichnet wird. Sie finden ihn rechts neben dem Weg kurz vor dem Südring. Diese aus Japan stammende Baumart fällt durch ihre leicht herzförmigen Blätter auf, die im Herbst eine schöne Gelbfärbung annehmen.

Wir biegen nach links in den Südring ein, überqueren die Brücke, neben der linker Hand direkt am Wasser das Café „Sommerterrassen" liegt, und gehen geradeaus über die Straße Richtung Stadtpark. Vor uns liegt nun der kleine, runde Modellboot-Teich. Links von ihm erfreut eine sehr hübsch gewachsene, allein stehende **Rotbuche** unser Auge, 50 Meter rechts von ihr wächst eine **Sumpf-Eiche** *(Quercus palustris)*.

Im Gegensatz zu den herrlichen Parks im Westen Hamburgs, die sich ursprünglich im Privatbesitz reicher Hamburger befanden, ist der Stadtpark relativ jung, denn er entstand erst zwischen 1910 und 1930 auf einem Gelände von 170 Hektar. Sein maßgeblicher Planer, Fritz Schumacher, setzte sich vehement für einen öffentlichen Freizeitpark ein, der für jedermann zu jeder Zeit zugänglich sein sollte.

12

Katsurabaum

Stadtpark Winterhude

Linke Seite, oben: Blick auf die Trauerbuche in Baurs Park vor dem Herrenhaus. Foto: Januar 1997 *(Text S. 117)*

Linke Seite, unten: Derselbe Blickwinkel einige Monate später. Foto: Ende Mai 1997

Die immergrüne Eiche. Foto: Februar 1998 *(Text S. 121)*

Sie werden im Stadtpark keine mehrere hundert Jahre alten Bäume finden, trotzdem bietet uns der Park durchaus sehr viele dendrologische Sehenswürdigkeiten.

Ich beschränke mich auf einen exemplarischen Spaziergang, auf dem Sie etliche interessante Bäume kennen lernen werden.

Wir setzen unseren Weg fort. 50 Meter von der Sumpf-Eiche entfernt fallen drei Bäume in Säulen- bzw. Pyramidenform auf. Der erste ist eine **Hainbuche**, die anderen beiden sind **Eichen**.

Wir spazieren nun durch die schöne **Kastanienallee**, die mindestens 80 Jahre alt sein dürfte. Links von uns liegt die Badeanstalt. Nach etwa 100 Metern wenden wir uns nach rechts, dann bald nach halb links und treffen nach wiederum etwa 100 Metern rechts des Weges auf einen in Hamburg sehr seltenen Baum: eine **Wintergrüne Eiche** *(Quercus x turneri Willd.)*. Dieser immergrüne Baum ist eine Kreuzung zwischen Stiel- und Steineiche. Er ist nicht sehr hoch, aber schön gewachsen mit vielen ausladenden Ästen und einer hübschen runden Krone (Foto S. 119).

Links des Weges, ca. 20 Meter von der Wintergrünen Eiche entfernt, wächst ein neu gepflanztes Bäumchen. Es ist ein **Blauglockenbaum** (Paulownie). Diese rare und dekorative Baumart ist uns schon auf den Spaziergängen 1 und 4 begegnet. Außer den dort genannten Hamburger Standorten ist mir nur noch ein Baum in Rahlstedt/Meiendorf bekannt (Ecke Gerstenwiese / Meiendorfer Straße in einem Privatgarten, wenige Meter von der Straße entfernt).

Dieses Bäumchen im Stadtpark soll die größte Paulownie Hamburgs (Umfang 3 m!) ersetzen, die an dieser Stelle bis Januar 1998 wuchs. Sie wurde gefällt, weil sie nicht mehr ganz gesund war. Es ist sehr fraglich, ob das Fällen wirklich nötig gewesen wäre!

Unweit dieser Stelle befindet sich der publikumswirksame, 1912 von August Gaul geschaffene Pinguinbrunnen. Sie erkennen ihn bereits von weitem an den 25 hohen **Blutbuchen**, die ihn umstehen.

Wir setzen unseren Weg entlang dem links liegenden See bis zur Pergola fort.

Dort können wir uns auf einem von der Gartenbauabteilung angebrachten Übersichtsplan orientieren. Wir gehen 20 Meter nach links, dann 50 Meter weiter und biegen den ersten Weg rechts ein. Zwischen diesem Wanderweg und der nun rechts von

12

Blutbuchengruppe

Stadtpark Winterhude

Linke Seite, oben: Die „Kandelaber"-Blutbuche. Foto: März 1998 (Text S. 123)

Linke Seite, unten: Ein Blick in das Ästegewirr der „Kandelaber"-Blutbuche. Foto: März 1998

uns liegenden Pergola wächst eine Gruppe von sieben **Urweltmammutbäumen** (besser: Chinesisches Rotholz).

30 Meter weiter ist eine bizarr gewachsene **Blutbuche** (Umfang 3,20 m) unübersehbar. In 3 Metern Höhe teilt sie sich in zahlreiche starke Einzeläste. Dadurch erinnert sie von weitem an einen Kandelaber (Fotos S. 120).

20 Schritte von der „Kandelaber"-Blutbuche entfernt, steht ein mächtiger **Baumhasel** (Umfang 2,25 m!) und links des Weges wachsen zwei **Mammutbäume** (Umfang des etwas stärkeren 2,55 m). Die immergrünen Mammutbäume sind keinesfalls zu verwechseln mit dem oben erwähnten Chinesischen Rotholz!

Wir folgen dem Weg und gelangen nach nur 50 Metern zu weiteren interessanten Bäumen: Rechts des Weges werden Sie sicherlich einen nicht sehr hohen, aber schön gewachsenen **Ginkgo** erkennen. Kurz vor ihm wachsen jedoch drei kleine Bäumchen, die leicht übersehen werden können: Bei ihnen handelt es sich um drei verschiedene Arten der **Pimpernuss** (*Staphylea*), die durch ihre gefiederten Blätter und besonders durch ihre grünen Fruchtkapseln auffallen, die erbsengroße, essbare Samen enthalten.

Etwa 10 Meter hinter dem Ginkgo steht ein **Trompetenbaum**, der durch seinen merkwürdigen Wuchs Kinder zum Klettern geradezu herausfordert (Foto S. 125).

Der auf den Trompetenbaum folgende Baum ist eine **Zerr-Eiche** *(Quercus cerris L.)*.

Der nächste dendrologische Leckerbissen ist schlank, nicht sehr groß und dreistämmig: Es ist einer der wenigen **Taschentuchbäume** Hamburgs (vgl. Kapitel 1 und 7, Fotos S. 124).

Übrigens werden Sie auf zwei weitere kleine Taschentuchbäume in der zweiten Weggabelung linker Hand stoßen, wenn Sie vom Pinguinbrunnen den Weg nach Norden einschlagen.

Wir bleiben auf unserem Weg und treffen sehr schnell auf „Die Badende", die mitten auf dem Wege auf uns wartet – allerdings nicht in natura, sondern als Bronzestatue von Reinold Begas. Diese Dame hat das Privileg, von seltenen Bäumen geradezu umzingelt zu sein. 10 Meter rechts von ihr entfernt wächst eine **Schindel-Eiche** *(Quercus imbricaria)*, eine in Hamburg äußerst seltene Eichenart und das einzige derartige Exemplar im Stadtpark. Das Holz von Schindel-Eichen wurde früher tatsächlich gern zur Herstellung von Dachschindeln verwendet.

12

Mammutbäume
Taschentuchbaum

Stadtpark
Winterhude

Linke Seite, oben: Die beiden Mammutbäume. Foto: Januar 1998

Linke Seite, unten: Der Stamm des Mammutbaumes mit seiner dicken, weich-schwammigen, zimtbraunen Borke, schraubig stehenden Nadeln und Zapfen. Foto: Januar 1998

12

Birkenpappel

Stadtpark Winterhude

Oben: Der „Kletter"-Trompetenbaum. Foto: März 1998 (Text S. 123)

Linke Seite, oben: Der dreistämmige Taschentuchbaum in voller Blüte. Foto: Mai 1998 (Text S. 123)

Linke Seite, Mitte: Links das Blatt, rechts die beiden schneeweißen Hochblätter. In ihrer Mitte befindet sich die eigentliche Blüte. Foto: Mai 1998

Linke Seite, unten: Taschentuchbaum-Blüte. Digital bearbeitet von Carola Brackrock. Foto: Mai 1998

Auch die links des Weges stehende stattliche **Kastanienblättrige Eiche** *(Quercus castaneifolia)* mit einem Umfang von 3,05 Metern, deren Blätter an die der Edelkastanie erinnern, ist eine ausgesprochene Rarität bei uns.

5 Meter hinter der Bronzestatue „Die Badende" steht ein großer **Spitzahorn**, und etwa 30 Meter dahinter auf der Wiese zieht eine weitere seltene Baumart unsere Aufmerksamkeit auf sich, und zwar eine hoch gewachsene **Birkenpappel**, die wegen ihres lateinischen Namens *Populus Simonii* auch Simons-Pappel genannt wird. Damit Sie meine Baumnamen einmal persönlich überprüfen können, ist dieser Baum in 3 Metern Höhe mit einem Namensschild versehen!

Rechts vor dem Kiefern-Waldrand erfreuen uns mehrere malerische **Birkengruppen**. Am unterschiedlichen Wuchs und an der Stammfärbung werden Sie unschwer erkennen, dass es sich um verschiedene, nicht heimische Birkenarten handelt.

Nebenbei sei angemerkt, dass dieser Teil des Stadtparkes einschließlich des Pinguinbrunnens in der Familiensaga „Die Bertinis" von Ralph Giordano häufig erwähnt wird und dort eine große Rolle spielt.

Ohne Bäume – keine Spechte! Hier ein Männchen des (Großen) Buntspechtes.

Im Norden des Stadtparkes befindet sich übrigens ein Vogelschutzgebiet mit mehreren kleinen Teichen. Dort können Sie mit etwas Glück etliche Vogelarten beobachten, und zwar durchaus nicht nur den schönen (Großen) Buntspecht, die häufigste einheimische Spechtart!

Um den Rückweg einzuschlagen, könnten Sie Ihre Schritte nach Südwesten lenken, vorbei am Plantschbecken und danach entlang der Großen Spielwiese bis zum U-Bahnhof Borgweg (U 3), der von hier etwa gleich weit entfernt liegt wie die Saarlandstraße. Falls Sie sich stärken wollen, könnten Sie das im Restaurant am Plantschbecken oder im Landhaus Walter (nebst Biergarten) tun.

13 Barmbek – Steilshoop – Bramfeld

U 2 Dehnhaide

13

Friedenseiche

Barmbeker Markt
Barmbek

Kaum zu glauben, aber vor nicht einmal drei Jahrhunderten war Barmbeks Schatz sein reicher **Eichenbestand**! Nachdem allein zwischen 1750 und 1760 rund 4.000 stattliche Eichen gefällt und verkauft wurden, verblieben 1767 knapp 1.200 Eichenbäume. Die Franzosenzeit (1811–1814), die intensiven Bombardierungen Barmbeks während des Zweiten Weltkrieges und die kalten Nachkriegsjahre gaben dem Barmbeker Baumbestand dann endgültig den Rest.

Dennoch sind auch in diesem Stadtteil einige sehenswerte Bäume geblieben, auf die ich Sie kurz hinweisen möchte.

Etwa 150 Meter vom U-Bahnhof Dehnhaide entfernt steht an der vielbefahrenen Straße Barmbeker Markt / Ecke Lohkoppelstraße ein einsamer Baum in trostloser Nachbarschaft, den kaum jemand zur Kenntnis nimmt. Gleichwohl ist er ein wichtiger Zeitzeuge, denn es handelt sich um die 1871 gepflanzte Barmbeker **Friedenseiche**. Wenn sie von ihrer ersten Lebenshälfte erzählen könnte, als ihre Umgebung noch ein ruhiger Platz mit Bäumen und Wohnhäusern war, würde sie wahrscheinlich ununterbrochen weinen (Foto S. 128)!

Wenn Sie die Straße Dehnhaide wenige Hundert Meter entlanggehen, stoßen Sie links auf die Grünanlage am Pfennigbusch, auch ein geschichtsträchtiger Ort: Der Gedenkstein von 1817 weist auf den ehemaligen Begräbnisplatz von 50 Menschen hin, die während der französischen Besatzungszeit 1814 vertrieben wurden und auf Grund der Entbehrungen verstarben. Umstanden ist der Platz von vier mittelgroßen **Linden** (Foto S. 128).

Es lohnt sich, von hier aus einen kleinen Abstecher in die in unmittelbarer Nähe gelegene Anlage des Allgemeinen Krankenhauses Eilbek zu unternehmen! In ihr finden sich etliche schöne Bäume, insbesondere eindrucksvolle **Rot-** und **Blutbuchen**.

Sie könnten aber auch die Stückenstraße nach Westen bis zur Hufnerstraße 18–20 gehen. Dort treffen Sie auf die **Lindenreihe**, die zum ehemaligen Hof von Bauer Eggers führte (Foto S. 130). Hierzu gibt es eine Veröffentlichung namens „Bauer Eggers Linden stehen noch“ (von G. Franke, R. Saloch, D. Thiele).

Im Nordteil der Hufnerstraße, und zwar in Nr. 113, wohnte die Familie Giordano, deren Schicksal Ralph Giordano in seinem Roman „Die Bertinis“ verarbeitete, der auch verfilmt wurde. Dort (gegenüber der Drögestraße) können Sie in einem Schaukasten weitere Einzelheiten erfahren.

Nicht sehr weit von unserer Lindenreihe entfernt finden wir Ecke Weidestraße/Schleidenstraße in der Grünanlage Biedermannsplatz, dem 1902 angelegten ehemaligen Schleidenpark, am Südwestende als dominierenden Baum einen mächtigen **Silberahorn**, der den beachtlichen Umfang von 4,55 Metern aufweist.

13

Silberahorn

Biedermannsplatz Barmbek

Ansonsten sind in dieser Grünanlage mehrere große **Schwarzpappeln** und als Gebäude die Anfang des Jahrhunderts errichtete und heute unter Denkmalschutz stehende Bedürfnisanstalt erwähnenswert.

Viel über Barmbeks Geschichte können Sie in der Geschichtswerkstatt Barmbek e. V., Wiesendamm 25, sowie im „Museum der Arbeit“, Maurienstraße 19, erfahren. Das Museum wurde in dem 1871 erbauten ehemaligen Fabrikgelände der „New York Hamburger Gummiwaaren Compagnie“ 1997 eröffnet. Es liegt gegenüber dem U-/S-Bahnhof Barmbek.

Linke Seite, oben: Die Barmbeker Friedenseiche. Nur das Gitter deutet auf die interessante Geschichte dieses Baumes hin. Foto: Frühjahr 1997 (Text S. 127)

Linke Seite, unten: Der ehemalige Begräbnisplatz mit seinen vier Linden. Foto: Frühjahr 1997 (Text S. 127)

Steilshoop

Auch im einst waldreichen Steilshoop sind nur noch wenige bemerkenswerte alte Bäume übrig geblieben. Ebenso wie in Barmbek spielten im nördlich davon gelegenen Steilshoop **Eichen** eine besondere Rolle. Nicht zufällig hieß die Steilshooper Allee früher einmal Eichenstraße!

Der Bus 277 bringt Sie vom Bahnhof Barmbek in die Steilshooper Straße (Haltestelle Richeystraße). Gehen Sie nach Norden, und Sie werden schnell auf Ihrer Rechten die Straße Georg-Raloff-Ring sehen, die auf ihrer linken Seite vor den Neubauten mit stattlichen Eichen bestanden ist. Sie führten früher zu einem der Steilshooper Bauernhöfe. Einzelheiten hierzu finden Sie in der Veröffentlichung „Die alten Eichen stehen noch“ (von der Mietergemeinschaft Steilshoop).

Etwas weiter fällt auf der rechten Seite (Nr. 300) eine prächtige Villa auf. 1884 ließ sie der Schlachter G. M. H. Beisser erbauen, der nebenan einen Bauernhof erstanden hatte. Beisser brachte es

durch ein neues Pökelverfahren und durch seine schmackhaften Würstchen zum wohlhabenden Versorgungsunternehmer für die Passagierschifffahrt.

1984 wurde die Villa vom Architekten O. Gibbins gekauft und restauriert.

Das Gebäude ist von einem kleinen, baumreichen Park umgeben. Der bemerkenswerteste Baum steht indessen direkt vor der Villa am Straßenrand:

Eine wuchtige **Eiche** (Umfang 4,80 m), die sicherlich doppelt so alt wie das Gebäude und bestimmt der älteste Baum dieses Stadtteils ist.

Eine weitere – allerdings nicht ganz so kräftige – Eiche (Umfang 3,85 m) wächst vor den Neubauten der Steilshooper Straße 22.

So unerwartet wie die schöne Villa wird für viele die östlich hinter ihr gelegene friedliche Oase mit dem Appelhoff-Weiher, dem Flüsschen Seebek und den malerischen Kleingärten sein, die zum Spazierengehen einlädt.

13

Eichen

Bramfelder See
Bramfeld

Linke Seite: Die Linden an der kopfsteingepflasterten Zufahrt zum ehemaligen Bauernhof. Gegenüber ist die Heiligen-Geist-Kirche, die erste eigene Kirche Barmbeks. Foto: Dezember 1997 *(Text S. 127)*

Bramfeld

In diesem östlich von Steilshoop gelegenen Stadtteil könnten Sie sich folgende Bäume anschauen:

Am Bramfelder See (Endstation Bus 177), gut 50 Meter vor dem Eingang „Seehof" zum Ohlsdorfer Friedhof, wachsen auf einer Rasenfläche zwei große allein stehende **Eichen**. Sie haben reichlich Platz, sodass sie schöne, breite Kronen entwickeln konnten. Mit einem Umfang von jeweils 4,15 Metern dürften sie mindestens 200 Jahre alt sein. Sie sind Überreste eines Knicks, der vor der Entstehung des Ohlsdorfer Friedhofs die Koppeln zweier Bramfelder Bauern voneinander trennte.

Wenn Sie nun von der Fabriciusstraße in die Seehofallee einbiegen, treffen Sie direkt auf dem Weg auf eine stattliche **Eiche**, die einst zu dem großen Gartengelände des beliebten Ausflugslokals „Seehof" gehörte. Sie setzen den Weg fort und kommen bald zur Bramfelder Chaussee. Hier wachsen besonders Linden und Buchen, wobei einige Buchen vor den Altenteil-Häusern ehemaliger Bramfelder Bauern stehen, denn es war üblich, vor diese Häuser eine Buche und gelegentlich eine Magnolie zu pflanzen.

Sie könnten jetzt die Bramfelder Chaussee ein Stück lang von Norden nach Süden abschreiten:

Nr. 297: **Rotbuche**. Hier war das Altenteil der Familie Schacht/Eggers.

Nr. 292: **Rotbuche**. Ehemaliges Altenteil des Bauern August Ellerbrook.

Nr. 270/272: Die **Linde** mit dem knorrigen Stamm gehörte zum ehemaligen Wohnhaus des Landwirts J. Ellerbrook.

Bramfelder Chaussee / Ecke Seekamp: Die eingegitterte **Linde** ist einer der letzten Straßenbäume des Seekamps. Fotos aus den 1930er Jahren zeigen eine ganze Reihe von „Alleebäumen".

Bramfelder Dorfplatz 1/3: Das 1888/89 errichtete Schulhaus und das 1911/12 erbaute „Rathaus" (Gemeindeverwaltung) bilden zusammen mit der **Friedenseiche** von 1871 sowie dem Findling von 1898 das Zentrum des alten Dorfes Bramfeld. Eine anmutige **„Drillings-Birke"** auf dem Rasen vor dem Schulhaus lockert das Ensemble ein wenig auf.

Am gegenüberliegenden Straßenrand, vor der 1905 erbauten Villa, wächst die kräftigste **Blutbuche** dieser Chaussee (Umfang 3,10 m).

Die erwähnten Buchen mögen zwischen 70 und 100 Jahren alt sein. Die Linden sind etwas älter.

Von der Ecke Bramfelder Chaussee / Steilshooper Straße können Sie mit dem Bus 268 oder 277 zurückfahren.

13

Blutbuche

Bramfeld. Chaussee
Bramfeld

Linke Seite:
Die stattliche Blutbuche im schönen Herbstkleid beherrscht diesen Teil der Bramfelder Chaussee. Links die Villa von 1905. Foto: November 1999

Auch der Kleiber (Spechtmeise) ist auf Bäume angewiesen. Nur diese Vogelart kann Bäume kopfabwärts klettern. Kleiber sind in vielen Hamburger Parks anzutreffen.

EINE VON DIESEN

14 Der Ohlsdorfer Friedhof: Bäume, Bäume!

14

Silberlinde

Ohlsdorfer Friedhof
Ohlsdorf

U 1, S 1, S 11; Bus 172, Schnellbus 38 bis Ohlsdorf

Der Ohlsdorfer Friedhof ist der größte Parkfriedhof der Welt. Gegründet wurde er 1877. An allen seinen wichtigen Eingängen geben Informationstafeln Einzelheiten zu seiner Geschichte.

Der Friedhof lädt in vielen Bereichen zur Ruhe und zur inneren Einkehr ein. Schon ca. 300 Meter links vom Haupteingang empfängt uns die goldene Aufschrift unter der Uhr des Krematoriums mit „Eine von diesen". Der polnische Schriftsteller St. J. Lec drückte es in seinen „Unfrisierten Gedanken" so aus:

Die Uhr schlägt – alle.

Wir wenden uns schöneren Dingen zu, gehen vom Bahnhof geradeaus über die Straße und betreten den Friedhof neben dem Häuschen „Information", in dem Sie reichlich Material und Auskünfte über Führungen durch den Friedhof bekommen können. Ebenso erhalten Sie dort eine Skizze des Naturlehrpfades.

Das gesamte Friedhofsgebiet ist natürlich ein Eldorado für interessante Bäume: 450 verschiedene Baum- und Straucharten! Nebenbei bemerkt wurden hier 95 Vogelarten (davon 67 als Brutvögel) und 35 verschiedene Säugetierarten beobachtet.

Auch hier werde ich mit Ihnen exemplarisch einen Rundgang machen, wobei wir uns weitgehend an dem erst 1999 eingerichteten schönen Naturlehrpfad orientieren können. Er beginnt etwa 300 Meter rechts von Ihnen: Sie gehen die Cordesallee 150 Meter auf der rechten Seite hoch bis zum Wegweiser „Rosengarten". Sie biegen diesen Weg nach rechts ein. Hier beginnt nun der Naturlehrpfad „Friedhof Ohlsdorf – Oasen des Lebens", der auf 23 schön gestalteten Tafeln unterschiedliche Themen behandelt.

Diese interessante Initiative – übrigens auch für Schulklassen sehr sehenswert – kann nicht genug gelobt werden. Ich beschränke mich an dieser Stelle auf die Bäume.

Hier am malerischen Südteich grüßt Sie rechts hinter der Tafel Nr. 1 eine riesige **Silberlinde** *(Tilia tomentosa Moench)* mit dem beachtlichen Umfang von 3,20 Metern. Ihren Namen trägt sie wegen der silbrig-filzigen Unterseite ihrer Blätter.

Links oben:
Dieser genial kurze Hinweis am Krematorium sollte uns in der Lebenshast zum Innehalten und Nachdenken veranlassen …
Foto: September 1998

Links unten:
Im Mittelpunkt steht die hohe Silberlinde. Bis zu ihrer Kronenspitze sind die hübschen silbrigen Blatt-Unterseiten deutlich sichtbar.
Foto: Juli 1999

Hinter ihr wächst eine hoch aufgeschossene **Sommerlinde** *(Tilia platyphyllos Scop)*, die sich dicht über dem Boden in zwei Stämme teilt.

Folgen Sie jetzt bitte immer den Pfeilen. Tafel Nr. 2 gibt Auskünfte über den Rosengarten, in dem außer 50 verschiedenen Rosenarten 30 kleine **Kugel-Eiben** angepflanzt sind.

Das „Rätsel der neun Buchen" wird dann auf der Tafel Nr. 3 gestellt. Des Rätsels Lösung verrate ich Ihnen nicht. Nur soviel: In dieser Gruppe stehen außer einer **Blutbuche** und drei **Trauerbuchen** auch zwei **Farnblättrige Buchen**.

Bei Nr. 4 erwartet uns eine stattliche **Blutbuche** (Umfang 3,30 m) mit einem Weidenkorb am Stamm. Nr. 5 ist ein mittelgroßer, aber breitkroniger **Spitzahorn**. Nr. 6 zeigt uns zum Vergleich einen kräftigen **Bergahorn** (Umfang 3 m), der uns als Besonderheit unterseits rote Blätter bietet – offenbar die Kultursorte *Purpurascens*. Auf dieser Tafel sind sehr übersichtlich die Unterscheidungsmerkmale von Spitz- und Bergahorn dargestellt.

Die folgenden Tafeln 8 und 9 beziehen sich auf Stieleichen, wobei die Nr. 9 viel über die **Knickeiche** erzählt.

Die zur Tafel 9 gehörigen Knickeichen fallen durch ihren skurrilen (Zusammen-)Wuchs auf.

Hinter der Tafel Nr. 9 gehen Sie nun über die Straße, dann nach links und biegen nach 5 Metern in den Weg rechts ein. Der erste Baum im ersten Weg links ist eine (die einzige?) der in Hamburg ganz seltenen großen **gelb blühenden Rosskastanien** *(Aesculus octandra Marsh)*.

Wir kehren zur Straße zurück und folgen den Pfeilen zu der Nr. 10 (Kleine **Eibe**) und zu den ganz jungen Bäumchen Nr. 11 (**Ulme** mit Erläuterungen zur Ulmenkrankheit), Nr. 12 (**Wildbirne** – Urahnin der süßen Frucht), Nr. 13 (**Eberesche**).

Die Nr. 19 bringt Informationen zu den hohen benachbarten **Winterlinden** *(Tilia cordata Mill.)*. Zusammen mit den Eichen sind sie die einheimische Baumart, die das höchste Alter erreichen – bis zu 1.000 Jahren! Zwei Linden-Gedichte, eines von Karl Mickel und eines von Joseph v. Eichendorff, auf der Tafel 19 sorgen für eine schöne poetische Note.

Äußerst informativ ist die Tafel 20. Sie weist darauf hin, dass die daneben stehende **Trauerbuche** (Umfang 3,10 m, geschätztes Alter 80–100 Jahre) einen Geldwert von ca. DM 50.000,– darstellt.

14

Gelbblühende Rosskastanie

Ohlsdorfer Friedhof Ohlsdorf

Linke Seite:
Die in Hamburg äußerst seltene Gelbblühende Rosskastanie und ihre blassgelben Blüten.
Fotos: Mai 1997

Hinzu kommen natürlich zahlreiche „Wohlfahrtswirkungen“, die schwer in Heller und Pfennig zu beziffern sind, wie Sauerstofferzeugung, Luft- und Staubfilter, positive psychologische Wirkung auf den Menschen, Lebensraum für Tiere etc. Ein übersichtliches Schaubild stellt die Sauerstofferzeugung dar.

Bei der Nr. 21 heißt es dann „Die **Lärche** fällt aus dem Rahmen“. 10 Meter dahinter steht die erste einer ganzen Reihe von großen Lärchen.

Nach der letzten Tafel (Nr. 23) folgen Sie dem Weg, gehen links am Südteich entlang und biegen in den zweiten Weg links ein (zwischen einigen Findlingen und zwei Eichen), der Sie geradewegs auf die kleine **Blutbuche** führt, die von Polizistengräbern umgeben ist. Wenn Sie dem Weg weiter folgen, treffen Sie nach etwa 50 Metern rechts des Weges auf den „Ehrenhain Hamburger Widerstandskämpfer 1933–45" mit der Inschrift

Menschen wir hatten Euch lieb
Seid wachsam

– eine leider durchaus aktuelle Mahnung.

Geradeaus stoßen Sie auf die Bergstraße, die rechts zum Haupteingang zurückführt.

Selbstverständlich gibt es auf dem Friedhof und in seiner unmittelbaren Umgebung zahlreiche alte oder aus anderen Gründen bemerkenswerte Bäume. Auf folgende möchte ich Sie aufmerksam machen:

14

Eichenreihe

Kleine Horst Ohlsdorf

Linke Seite: Die herrliche Eichenreihe auf dem ehemaligen Gärtnereigelände. Foto: April 1997

Eine alte **Eiche** (Umfang 4,15 m) in malerischer Umgebung vor dem ehemaligen Wagner Hof, Wellingsbütteler Landstr. 59. Ganz in der Nähe, gut sichtbar von dem Weg Kleine Horst, wächst auf dem ehemaligen Gärtnereigelände eine herrliche Reihe von sechs alten **Eichen**. Die dem Zaun am nächsten stehende Eiche hat einen Umfang von 4,75 Meter. Wenn wir von einem geschätzten Alter von mindestens 200 Jahren ausgehen, ist klar, dass sie dort lange vor der Friedhofsgründung wuchsen. Sie säumten früher den Fahrweg, der Klein Borstel mit Bramfeld verband. Diese alten Bäume sind wichtige Zeugen der Stadtgeschichte!

Eine weitere eindrucksvolle Reihe von **Eichen** finden Sie als Straßenbäume im Kornweg. Es sind acht Bäume mit Umfängen zwischen 3,05 und 3,35 Meter.

Ganz in der Nähe (Stübeheide / Stübekamp) wächst eine bemerkenswerte, regelmäßig beschnittene **Buchenhecke**. Sie wurde bereits 1935 angelegt. Ihre dicksten Stämme haben einen Umfang von 63 cm.

Zwischen den Reihenhäusern „Am Stein" stehen 14 prächtige **Eichen** schnurgerade aufgereiht.

Zum Thema „Eichen" in diesem Gebiet verweise ich auf die sehr aufschlussreiche Abhandlung von Henri Sehrer (s. Literaturverzeichnis).

15 Fuhlsbüttel und Hummelsbüttel: Wacholderpark – Rotes Blütenmeer im Kleekamp – Grenzsteine, Eichen und Blutbuchen

15

Echte Mehlbeerbäume

Heschredder Fuhlsbüttel

U 1, Bus 174 Fuhlsbüttel

Es lohnt sich, zunächst ein kleinen Abstecher in den Heschredder zu machen: Vom Bahnhof gehen Sie links die Hummelsbütteler Landstraße hinunter, überqueren den Erdkampsweg und biegen rechts in den Heschredder ein.

Diese Straße ist überwiegend mit **Linden** bestanden. Allerdings finden wir zwischen der Etzestraße und der Alsterkrugchaussee ein gutes Dutzend kleinerer bis mittelgroßer **Echter Mehlbeerbäume** *(Sorbus aria)*. Ein besonders stattliches Exemplar steht vor dem Haus Heschredder 96a (Umfang 1,55 m).

Die auffälligste Baumgestalt hier ist jedoch die hohe, leicht gebogene **Eiche** vor der Nr. 51. Mit ihrem Umfang von 4,28 Metern wird sie gut 200 Jahre alt sein und bildet wohl zusammen mit den beiden Eichen vor den Häusern Nr. 65 und 67 das Überbleibsel eines alten Knicks.

Linke Seite: Die leicht gebogene Eiche wird durch zwei Eisenbügel geschützt. Foto: Mai 1998

Wir kehren zurück durch die Etzestraße in den Wacholderweg, an dessen Ende wir links (Ecke Bergkoppelweg) auf den sehr interessanten und leicht übersehenen Wacholderpark stoßen.

15a Wacholderpark

Dieser Garten-Park wurde in den 1920er Jahren nach den Plänen des berühmten Gartenarchitekten Leberecht Migge (1881–1931) als Bürgerpark Fuhlsbüttel angelegt. Migge, der allein in Hamburg rund 20 Garten- und Parkprojekte – u. a. den Ihnen bereits bekannten Reemtsma-Park – realisierte, war so populär, dass es damals hieß: *Keine feine Bildung ohne Knigge, keinen guten Garten ohne Migge.*

Migge beschrieb in seinem Werk „Die Gartenkultur des 20. Jahrhunderts“ diesen so genannten Spielpark u. a. wie folgt: *Die sonnige Wiese wurde als Kern und wesentlichstes der ganzen Anlage*

*behandelt … Sie wird auf zwei Seiten von einem **Lindenlaubengang** begrenzt, dessen dichtes Laubdach kühlen Schatten spendet, während seine arkadenartig geöffneten Seiten den freien Ausblick erlauben … Er soll zum lustwandeln einladen …*

Die letzte Seite der Wiese schließen dann zunächst zwei schattige Haine …

*Voneinander unterscheiden sie sich durch den Grundriß und harmonieren doch wieder durch die Wahl der Arten, **Rotahorn** und **Birken**.*

Migge gab dem Park eine „Zweckform" und strebte gleichzeitig nach Harmonie und Schönheit. Im Laufe der Zeit erlitt diese wertvolle Parkanlage leider schwere Verluste: Der gesamte Bereich des Haupteinganges verschwand und ein Teil des Parkes wurde einem Parkplatz geopfert.

Dennoch lohnt sich auch heute noch der Besuch der außergewöhnlichen Anlage, wie die Fotos auf S. 142 und 144 belegen.

Wir verlassen den Park und gehen am U-Bahnhof Fuhlsbüttel vorbei in den:

15a

Lindenlaubengang

Wacholderpark Fuhlsbüttel

Linke Seite: Wenige Wochen später bildet dieser historische Lindenlaubengang des Wacholderparkes ein dichtes Laubdach. Foto: Mai 1998

15b Kleekamp

Etwa 50(!) **Rote Rosskastanien** verwandeln im Mai den gesamten Kleekamp bis zum Ohkamp in ein rotes Blütenmeer. Ein lokalpatriotischer Anwohner versicherte mir, dass der Kleekamp im Mai „die schönste Straße Hamburgs" sei (Fotos S. 146 u. 147). Vielleicht hat er ja Recht. In jedem Fall gibt es meines Wissens in Hamburg keine Straße, die so viele rot blühende Rosskastanien aufweisen kann. Fast so viele mögen in der Bergedorfer Holtenklinker Straße wachsen.

Vom Kleekamp biegen wir rechts in den Hummelsbütteler Kirchenweg und dann in den Nußkamp ein. Auf seiner rechten Seite stoßen wir bald auf eine stämmige **Linde** am Straßenrand, die in etwa 1 Meter Höhe einen tiefen, um den ganzen Stamm laufenden vernarbten Einschnitt zeigt. Baumfrevel! Vor einigen Jahren versuchte jemand, diesen alten Baum umzusägen bzw. ihn durch starke Verletzungen zum Absterben zu bringen. Warum? Nun, der Baum hatte sich doch tatsächlich erdreistet, mit seinen Wurzeln die gemauerte Gartenumzäunung zu schädigen!

Auf der gegenüberliegenden Straßenseite stellt eine **Douglasie** in einem Vorgarten ihr schnelles Wachstum unter Beweis. Der

Baum wurde vor ca. 60 Jahren gepflanzt und überragt das Haus seit langem.

Wir gehen nun die Hummelsbütteler Landstraße links hoch. Vor dem Haus Nr. 153 steht vor einer stattlichen, wohl mindestens 150 Jahren alten **Eiche** (Umfang 3,65 m), ein alter Grenzstein. Er ist einer von 28 noch erhaltenen Grenzsteinen, die bis in das Raakmoor hinein die alte Landesgrenze Holsteins gegenüber Hamburg markierten. Der älteste Grenzstein wurde um 1790 gesetzt. Der Stein vor uns stammt von 1826. Das „A" in seiner Spitze ist die Kennzeichnung des Steines durch Buchstaben anstatt durch Zahlen. HG bedeutet **H**amburger **G**ebiet, da diese Seite Hamburg zugewandt ist. Auf der Rückseite heißt es dann: HP = **H**errschaft **P**inneberg und FR VI = **F**rederik VI (Dänenkönig), denn Holstein stand seinerzeit unter dänischer Oberherrschaft.

15b

Grenzstein mit Eiche

Hummelsb. Landstr.
Hummelsbüttel

Heute verläuft hier gegenüber, wo der Gnadenbergweg – der ehemalige „Grenzweg" – auf die Hummelsbütteler Landstraße trifft, die Grenze zwischen Fuhlsbüttel und Hummelsbüttel.

In Hummelsbüttel entbrannte 1998 ein heftiger „Pappelkrieg": An der Alster (Teetzpark) vor dem Tröndelwisch steht eine besonders mächtige **Schwarzpappel** (6,50 m Umfang), die sicherlich gut 100 Jahre alt ist. In unmittelbarer Nähe stehen vier weitere nicht ganz so große Exemplare. Da die Bäume zum Teil innen faul sind, wollte sie die Gartenbauabteilung fällen (Kostenpunkt: DM 35.000,–!) – gegen den Widerstand des Baumschutzbeauftragten und des Umweltausschusses.

Linke Seite: Die erwähnten Rotahorn-Bäume des Wacholderparkes erfreuen uns durch ihre hübschen Blätter. Links das Ende des Lindenlaubenganges. Foto: Mai 1998 *(Text S. 143)*

Im November 1999 standen die Bäume noch – wie lange?

Wir machen einen großen Sprung zum Norden der Hummelsbütteler Hauptstraße. Rechter Hand (Grützmühlenweg 28) befindet sich Wedderwilles Garten. In ihm fällt eine hübsche **Blutbuche** auf, die um die Jahrhundertwende neben die weiße Villa gepflanzt wurde. *Das war so Sitte in Hummelsbüttel,* erklärt Frau Wedderwille dazu.

Kurios wirken die acht großen **Linden**, die sich am Gartenzaun entlang in einer Reihe über den Fußweg hin bis zur Glashütter Landstraße fortsetzen. Der Grund: Bei der Verbreiterung dieser Landstraße in den 1970er Jahren mussten 147 qm vom Grundstück abgetreten werden. Die Linden aber konnten stehen bleiben!

15b

Rote Rosskastanien

Kleekamp Fuhlsbüttel

Linke Seite: Ein Blick in das Blütenmeer der Kleekamper Roten Rosskastanien. Foto: Mai 1998 *(Text S. 143)*

Oben die Blüten einer blasseren Form der Roten Rosskastanie, unten dagegen die tiefrot blühende. Fotos: Mai 1998

Unweit dieser Linden arbeitete früher die „Grützmühle", die vor allem den damals hier sehr verbreiteten und billigen Buchweizen mahlte.

Ganz in der Nähe wächst eine weitere schöne **Blutbuche** „mit Geschichte". Sie wächst auf dem Anwesen, das früher dem „Butterbauern Christen" gehörte (Glashütter Landstraße 9). Das neben ihr stehende Haus wurde 1893 errichtet, was gleichzeitig das Pflanzdatum des Baumes sein dürfte.

Leider sieht der Hof infolge langwieriger Erbauseinandersetzungen verwahrlost aus. Sein weiteres Schicksal ist ungewiss. Möge uns wenigstens die hübsche Blutbuche noch lange erhalten bleiben!

15c

Eiche

Alsterweg
Hummelsbüttel

Ebenfalls nicht weit entfernt von hier, und zwar im Hummelsbütteler Weg 26, können Sie zwei Bäume mit lokalgeschichtlicher Bedeutung betrachten: Es sind zwei **Eschen** im Vorgarten einer Villa mit Türmchen. Nach diesen Bäumen wurde die Villa „Eschenhus" benannt. In ihr wohnte der Hummelsbütteler Dichter Hermann Claudius.

Linke Seite:
Die älteste Eiche Hummelsbüttels gefällt durch ihren kräftigen Wuchs und die ausladende Krone.
Foto: Frühjahr 1998

Auch um den nahe gelegenen Hummelsbütteler Markt und in der Dorfstraße werden Sie manchem sehenswerten Baum begegnen, und zwar insbesondere **Eichen** (vgl. die Veröffentlichung von Lieselotte Uhlig: „Was die Bäume vom alten Hummelsbüttel erzählen", die sich auch an Kinder richtet).

Zum Schluss dieses Kapitels möchte ich Ihnen einen besonders markanten Baum vorstellen:

15c Die älteste Eiche Hummelsbüttels

Sie wächst in der Nähe des Marktes, und zwar vor dem Haus Alsterweg 34/36. Diese große **Eiche** ist kerngesund und gefällt vor allem durch ihre breite, schöne Krone. Mit einem Umfang von 4,75 Metern könnte sie gut 250 Jahre alt sein.

Ihre Rückfahrt können Sie mit dem Bus 174 (Hummelsbütteler Einkaufszentrum) antreten.

GASTHOF

16 Wellingsbüttel: Skurrile Baumgestalten zwischen Friedenseiche und Café Randel

S 1; Busse 167, 168 Wellingsbüttel

Vom S-Bahnhof gehen Sie Richtung Alster die Rolfinckstraße hinunter. An ihrem Ende steht auf einer kleinen Verkehrsinsel die 1871 gepflanzte:

16a

Friedenseiche

Rolfinckstraße Wellingsbüttel

16a Friedenseiche

Dieser schön gewachsene Baum hält sich tapfer, obgleich er von einem Asphaltmeer mit intensivem Autoverkehr umgeben ist. Hinter ihm liegt der Gasthof „Zur Friedenseiche" an traditionsreicher Stelle, denn bereits seit der Mitte des 17. Jahrhunderts gab es hier eine Krämerei mit Gasthof. 1939 wurde die offene Veranda in eine geschlossene umgebaut. 1947 fiel das Reetdach des Gasthofes leider einem Brand zum Opfer.

Wenn Sie nun die Straße überqueren und dem Gasthof den Rücken zuwenden, sehen Sie zwei weitere interessante Bäume: Rechts gegenüber an der Ecke im Vorgarten des Restaurants wächst eine auffällige **Hainbuche**. Mit ihren vielen Einzelästen erinnert sie mich an einen Riesen-Blumenstrauß (Foto S. 152).

Der zweite bemerkenswerte Baum führt ein wahrhaft unauffälliges und unverdientes Aschenputtel-Dasein. Er steht rechter Hand von Ihnen, Ecke Wellingsbüttler Weg und Barkenkoppel. Es ist eine der Hamburger **Gedenk-Doppeleichen**, die zur Erinnerung an die Erhebung gegen die Dänen im Jahre 1848 50 Jahre später an diesem Ort von den Wellingsbüttlern gepflanzt wurden.

Sie schlagen jetzt den Kuhteichweg ein, der am Zaun des großen mit alten Bäumen bestandenen Gartens des Gasthofs „Zur Friedenseiche" entlangläuft, überqueren die Friedrich-Kirsten-Straße, kommen am Eichen-Methusalem vorbei, einer der ältesten Eichen Hamburgs, (s. Bd. I, S. 158) und stoßen auf den Alsterwanderweg.

Linke Seite, oben: Dieses historische Foto zeigt den Gasthof „Zur Friedenseiche" Anfang der 1940er Jahre. Rechts die Friedenseiche von 1871.

Linke Seite, unten: Die Friedenseiche und der Gasthof im Januar 1997.

Diesen gehen Sie rechts – flussaufwärts – entlang, bis Sie nach etwa 600 Metern einen Baum sehen, der über der Wasserfläche liegt.

16b Skurrile Baumgestalten

Diese **Hainbuche** ist eine von mehreren skurrilen Baumgestalten dieser Gegend. Vor etlichen Jahren wurde sie umgeworfen. Da ihre Wurzeln aber fest im Erdreich verankert sind, kann sie weiterleben.

Wenige Meter von der Hainbuche entfernt finden Sie rechts des Weges dieses zusammengewachsene **Rotbuchen-Paar**! Woran denken Sie bei diesem außergewöhnlichen Anblick? An siamesische Zwillinge, an ein kämpfendes bzw. tanzendes Pärchen oder an …?

Nehmen Sie jetzt den nächsten kleinen Wanderweg, der Sie bergan Richtung Café Randel führt. Links des Weges wird Sie eine **siebenstämmige Rotbuche** überraschen. Entscheiden Sie selbst: Ist es ein einziger Baum oder eine Gruppe von sieben eng zusammengewachsenen einzelnen Rotbuchen (Foto S. 154)?

Etwa 80 Meter entfernt treffen Sie rechter Hand, etwas abseits vom Weg, auf eine weitere Baumskurrilität. Hier ist allerdings Diskretion vonnöten, denn es handelt sich offenbar um ein Liebespaar oder um eine „Mischehe“: Links wächst eine **Rotbuche** und rechts daneben eine **Kiefer**. Wahrscheinlich sind sie schon seit mehreren Jahrzehnten eng aneinander geschmiegt. Wenn das keine Liebe ist (Foto S. 154)!

Wir setzen unseren Weg fort und sehen sehr bald vor uns das traditionsreiche Café Randel, das bereits seit 1840 im Familienbesitz ist. Im Garten, rechts vor uns, erblicken wir eine kräftige **Eiche** (Umfang 4,25 m). An ihr prangt seit vielen Jahren eine bunte Tafel mit dem schönen und sinnigen Spruch *Pflanz einen Baum …* – Lesen Sie selbst die Fortsetzung auf dem Foto auf Seite 155. Vielleicht regt die Aufforderung Sie ja auch an?

Von Randel aus halten Sie sich bitte links. In der Poppenbüttler Landstraße finden Sie zahlreiche schöne **Eichen**, und zwar etwa 50 große Bäume allein auf dem Stück bis zur Grotenbleken! Die beiden stärksten Eichbäume mit einem Umfang von jeweils 4,35 Metern stehen vor Haus Nr. 19 und gegenüber von Nr. 16.

16b

Hainbuchen

Alsterwanderweg Wellingsbüttel

Linke Seite, oben, außen: Die „Blumenstrauß-Hainbuche“. Foto: April 1998 (Text S. 151)

Linke Seite, oben, innen: Das merkwürdige Rotbuchen-Paar – eine Laune der Natur. Foto: Herbst 1997

Linke Seite, unten: Unverwüstlich! Seit etlichen Jahren lebt diese Hainbuche in ungewöhnlicher Lage. Foto: Herbst 1997

Die Straße Grotenbleken führt Sie nach rechts hoch zum Bahnhof Poppenbüttel, von dem nicht nur die S 1, sondern auch die Busse 175, 178, 179 und 274 abfahren.

16b

Rotbuchen

Alsterwanderweg Wellingsbüttel

Linke Seite, außen: Siebenstämmige Rotbuche oder sieben Einzelbäume? Foto: Januar 1997

Linke Seite, innen: Ein Liebespaar seit Jahrzehnten: Rotbuche und Kiefer eng aneinander geschmiegt. Im Übrigen: „Honni soit qui mal y pense!" – Ein Schelm, der Schlechtes dabei denkt. Foto: 1996

Die alte Randel-Eiche mit dem sinnigen Spruch. Foto: Herbst 1996 (Text zu den Fotos S. 153)

Der bildhauerisch gestaltete Stamm einer alten Eiche mahnt uns an die Verbrechen der NS-Zeit: „Zur Erinnerung und Mahnung“ Foto: Februar 1997

Diese Kinder verdeutlichen den mächtigen Stammumfang der Eiche. Der Baum ist bei den Kindern ein beliebter „Spielkamerad“. Foto: Februar 1997 *(Text S. 159)*

17 Poppenbüttel: Alte Eichen und das Arboretum Marienhof

S 1, Busse 175, 178, 179, 274 Poppenbüttel

17a

Eichen

Kritenbarg Poppenbüttel

17a Alte Eichen

Anfang des 18. Jahrhunderts notierte der letzte Domherr, der für Poppenbüttel zuständig war, dass der Ort in den *ausgehauenen Eichenwald hineingebaut* sei und fügte hinzu, *allenthalben erheben üppige alte Eichen ihr stolzes Haupt.*

Während in Wellingsbüttel früher die riesige „Schmuggel-Eiche“ berühmt war, die angeblich Deutschlands älteste Eiche gewesen sein soll, machte in Poppenbüttel die „Gänse-Eiche“ von sich reden. Dieser gewaltige Baum mit einem Umfang von 43 $^1/_2$ Fuß (über 10 m!) stand auf dem Schulberg und wurde 1819 gefällt. Von ihm gibt es mehrere Zeichnungen und Drucke.

Derartig mächtige Eichen finden wir heutzutage nicht mehr in Poppenbüttel. Immerhin verbleibt uns noch eine ganze Reihe recht imposanter Exemplare, von denen ich Ihnen die wichtigsten vorstellen werde.

Auf eine Eiche besonderer Art – besser gesagt auf einen bildhauerisch bearbeiteten **Eichenstamm** – treffen wir, nachdem wir vom S-Bahnhof Poppenbüttel am Alstertal-Einkaufszentrum (AEZ) entlang bis zur Straße Kritenbarg Nr. 8 vorgestoßen sind.

Dieser vom Bildhauer Franz Vollert gestaltete Stamm wurde hier 1989 aufgestellt. Die Eiche hatte ursprünglich einen Umfang von gut 4,50 Metern und wuchs auf einem Bauernhof in Lemsahl, wo ein Blitz sie schwer schädigte. Nun steht der Eichenstamm vor der Gedenkstätte Plattenhaus Poppenbüttel und erinnert an die Verbrechen während der Nazi-Zeit. Er stellt den Leidensweg von überwiegend jüdischen Frauen dar, von denen 500 im September 1944 in das KZ-Außenlager Sasel am heutigen Feldblumenweg „verbracht“ wurden. Sie gehörten zu einer Gruppe von 3.000 Jüdinnen, die aus dem Vernichtungslager Auschwitz zu harter Zwangsarbeit nach Hamburg transportiert wurden. In zu dünnen Kleidern, gekennzeichnet mit dem Judenstern, in einfachsten Baracken untergebracht und mit unzureichender Nahrung versorgt, wurden diese Frauen beim Bau der so genannten Plattenhäuser eingesetzt.

Häufig marschierten diese Elendsgestalten vom Bahnhof Poppenbüttel in bewachten Kolonnen zu ihrer Arbeitsstelle. Fünfunddreißig von ihnen überlebten nicht und wurden in einem Massengrab auf dem Bergstedter Friedhof beerdigt. Zahlreiche andere erlitten schwere gesundheitliche und psychische Schäden. Wie viele von ihnen mögen heute noch leben?

Den Frauen wurden zwar gelegentlich von Einheimischen heimlich und unter persönlicher Gefährdung Lebensmittel zugesteckt, aber der überwiegende Teil der Bevölkerung sah weg, *wusste nichts* und wollte wohl auch nichts Näheres wissen – wie so häufig in der NS-Zeit.

Übrigens war es das Verdienst des Lehrers G. Liszokowski und einer Schülergruppe des Gymnasiums Oberalster, dass viele Einzelheiten zu diesem Außenlager recherchiert und in einer Broschüre publik gemacht wurden (Anfang der 1980er Jahre!).

Nicht allzu weit entfernt von hier, und zwar Ecke Petunienweg / Feldblumenweg, weist ein Findling mit der Inschrift *Die Würde des Menschen ist unantastbar* sowie eine Gedenktafel auf das KZ-Außenlager hin. Dem Anlass angemessen wurde daneben eine sehr hübsche, kleine **Trauer-Esche** (Hänge-Esche) gepflanzt.

Wir gehen jetzt am AEZ entlang zur Poppenbüttler Schleuse. Ein „Schlenker" nach links zum Schulbergredder ist lohnenswert: Außer der 1760 erbauten ehemaligen Langhein-Kate (Haus Nr. 5) ist eine besonders kräftige Eiche sehenswert, die im Vorgarten der Nr. 8 steht. In der Parallelstraße Poppenbüttler Weg, vor Nr. 185, erfreut uns ebenfalls ein äußerst stattliches Eichen-Exemplar (Umfang 4,65 m).

Wenn wir nun hinunter zur Schleuse gehen, erblicken wir links am äußersten Schleusenrand, etwa 40 Meter vor dem Eingang zur Burg Henneberg, eine sehr gedrungene, kräftige Eiche mit einem Umfang von 5 Metern. Auf der rechten Seite des Sees wächst eine ebenso dicke Eiche. Aber schauen Sie einmal, wie unterschiedlich diese beiden Bäume gewachsen sind!

Wir halten uns links des Schleusensees, lassen die einzige Burg Hamburgs, die 1884–1887 erbaute Burg Henneberg rechts liegen und gehen in den Poppenbüttler Weg. Hinter der Marktkirche mit einer schönen **Blutbuche** und einem **Walnussbaum** biegen wir rechts in den Poppenbüttler Markt ein. Rechter Hand hinter dem Zaun auf dem Kinderspielplatz sehen wir wiederum ein echtes Prachtexemplar einer **Eiche**, die es auf einen Umfang von 5,35 Metern bringt. Ihr geschätztes Alter: 300–350 Jahre (Foto S. 156). Übertroffen wird dieser Baum von einer anderen Eiche, die auf demselben Grundstück wächst: Folgen Sie dem Zaun, gehen Sie den kleinen Weg rechts etwa 80 Meter hinunter und Sie können den zerklüfteten und narbigen Stamm dieses urigen Eichen-Veteranen nicht verfehlen, der direkt hinter dem Zaun steht. Er erreicht sogar einen Stammumfang von 5,60 Metern!

17a

Linden

Marktplatz Poppenbüttel

Gegenüber vom Kinderspielplatz liegt der Marktplatz, der mit ungefähr 60 hohen **Linden** bestanden ist. Sie wurden vor mehr als 100 Jahren von dem reichen Kaufmann und Naturfreund Alexander Kähler gepflanzt (s. Kapitel 18, Hohenbuchen). In der Mitte des Platzes befindet sich ein „Kaiserstein“ für Wilhelm I.

Wir lassen den Platz links liegen und setzen unseren Weg fort bis Poppenbüttler Markt Nr. 10. Nun stehen wir vor dem Eingang eines der beiden Arboreten Hamburgs.

17b Das Arboretum Marienhof: Ein Juwel mit 120 Gehölzarten und der „Mutter aller Blutbuchen“

Dieses schöne Arboretum wird von einer Stiftung betreut. Es ist nicht öffentlich und leider nur noch vorheriger Anmeldung (s. Adressverzeichnis) zu besichtigen.

Die Familie Henneberg erwarb 1855 das Poppenbüttler Anwesen, erweiterte es und begann mit der Anlage eines Parkes. Ein Teil davon wurde nach Marie, der Frau A. Cäsar Hennebergs, ‚Marienhof“ benannt. Otto Henneberg-Poppenbüttel kaufte ihn 1940. Im Eingang des Torhauses finden wir an der Wand den lateinischen Spruch

Non Mihi SED Posteris.

Getreu diesem Motto – *Nicht für mich, sondern für die Nachkommen* – führte der große Naturfreund und Baumliebhaber Otto Henneberg-Poppenbüttel die Hege- und Pflegearbeit seiner Familie fort und erweiterte sie durch gezielte Neuanpflanzungen zahlreicher, zum Teil sehr seltener Baumarten. Er selbst sprach völlig zu Recht von einer *Oase mit auserlesener Baumwelt.*

Heute finden wir hier auf kleinem Raum fast 120 verschiedene Gehölzarten versammelt, wie z. B. vier Ahorn-, fünf Birken-, sieben Eichen- sowie etliche Tannen-, Kiefern-, Fichten- und Scheinzypressenarten.

17b

Gurkenmagnolie

Marienhof Poppenbüttel

Natürlich erfreuen uns auch besonders spektakuläre Bäume, die alle zwischen 1870 und 1875 gepflanzt wurden: Neben einer riesigen **Gurkenmagnolie** *(Magnolia acuminata L.)* steht ein ebenso großer **Tulpenbaum**. Eine **Douglasie** – sie ist eine der ältesten, wenn nicht gar die älteste Hamburgs – wetteifert mit einer **Edeltanne** *(Abies procera)* um die Gunst der Betrachter/innen.

Im Frühling können Sie über den Zaun hinweg in der Nähe des Einganges eine wunderschön blühende, sehr alte **Magnolie** bewundern. Von der anderen Alsterseite lässt sich ein alleeartiger, breiter Weg mit 14 **Urweltmammutbäumen** (Rotholz) entdecken.

Der Marienhof ist auch wegen seiner Blumenpracht ein Juwel: Je nach Jahreszeit blühen hier ganze Teppiche von Narzissen, Wildtulpen, Schachblumen oder, wie das Foto auf Seite 160 zeigt, Buschwindröschen.

Linke Seite, oben: Das Eingangs-Torhaus vom Marienhof aus gesehen mit seinen über 100 Jahre alten Linden. Im Hintergrund die Linden des Poppenbüttler Marktplatzes. Foto: ca. 1983

Linke Seite, unten: Der alte Bergahorn in einem Meer von Buschwindröschen auf dem sanft zur Alster abfallenden Hang. Foto: Ende der 1980er Jahre

Die eindrucksvollste Baumgestalt des Arboretums ist gewiss die gewaltige **Blutbuche**, die … halt! Lassen wir sie doch selbst zu Wort kommen:

„Ich bin die Mutter aller Blutbuchen!“

Ein wenig geschmeichelt fühlte ich mich schon, als der Autor mir diesen Titel antrug! Aber bitte, „Bescheidenheit ist eine Zier, doch …“ Urteilen Sie selbst, ob ich diesen Beinamen verdiene!

Ich bin etwa 1855 gepflanzt worden und kannte noch den alten A. Cäsar Henneberg. Natürlich war ***ich*** *einer der ersten Bäume dieses Anwesens. Über die vielen Neuankömmlinge mit ihren doch teilweise sehr komischen Namen, die erst Jahrzehnte nach mir kamen und sich nun vorwitzig auf allen möglichen Baumlisten breit machen, kann ich doch nur milde lächeln! Im Gegensatz zu ihnen habe* ***ich*** *die Entstehung und Gestaltung des Parkes von Anfang an miterlebt.*

Meinen herrlichen und störungsfreien Standort wusste ich immer zu würdigen. Ich verhielt mich entsprechend, denn Müßiggang hat es bei mir in anderthalb Jahrhunderten nie gegeben! In dieser Zeit brachte ich meinen Stammumfang auf 5 Meter und sorgte für zahlreiche Nachkom-

nen. Sie mögen diese getrost als „Ab- oder Aufleger“ bzw. als „Schleppen“ bezeichnen – für mich sind es meine Kinder. Nunmehr bedecke ich eine Gesamtfläche von deutlich mehr als 900 qm. Das soll mir erst mal jemand nachmachen! Wie ich das schaffe?

Nun, einige meiner Äste lege ich vorsichtig auf den Erdboden nieder. Dort wurzeln sie ihrerseits und wachsen zu kräftigen Bäumen heran.

In Hamburg mag es die eine oder andere Buche geben, die versucht, ebenfalls auf diese Weise für Nachwuchs zu sorgen. Na ja, unter uns, im Vergleich zu mir sind es alle Stümperinnen! Keine von ihnen hat es auf diesem Gebiet zu einer solchen Vollkommenheit gebracht wie ich!

Bedenken Sie nun alles, betrachten Sie die Fotos und sagen Sie dann ehrlich: Verdiene ich den Titel „Mutter aller Blutbuchen“ oder nicht?

17b

„Mutter aller Blutbuchen“

Marienhof Poppenbüttel

Linke Seite, oben: „Ich bedecke mehr als 900 qm. So sah ich im Mai 1998 aus.“

Linke Seite, unten: „Hier sind vier meiner Kinder. Auch sie wurden im Mai 1998 fotografiert.“

Oben: „Darf ich vorstellen? Mein Ältester. Im Hintergrund stehe ich – die stolze Mutter. Dieses Foto ist schon älter. Es stammt etwa von 1983.“

„Ich will nicht überheblich sein: Auch meine Umgebung kann sich durchaus sehen lassen! Diese Aufnahme wurde 1980 gemacht.“

18 Hohenbuchen – Mellingburger Alster-Schleife

18

„Baum des Todes"

Hohenbuchenpark
Hohenbuchen

Linke Seite:
Der hübsche allein stehende Feldahorn, Foto: Februar 1997
(Text S. 167)

Bus 276 Haltestelle Maike-Harder-Weg

Zwischen obiger Haltestelle und dem Alsterwanderweg liegt ein schönes Fleckchen Erde: der Hohenbuchenpark. Er hat eine jahrhundertelange, bewegte Geschichte. Ab 1686 arbeitete hier eine und später sogar zwei Mühlen, die zunächst als Pulvermühlen und dann als Kupfermühlen eingesetzt wurden. Es folgte eine Silberschmelze, in der ab 1785 auch Silbermünzen geprägt wurden.

1849 erwarb Alexander Kähler das Anwesen und baute hier eine Seifenfabrik auf. Die dafür benötigten Rohstoffe wurden auf Alsterkähnen herangeschafft. Kähler gab diesem ehemaligen Hof im Wesentlichen seine heutige Gestalt und ebenfalls den Namen „Hohenbuchen".

Ein Baum spielte hier eine wichtige Rolle: Dabei ging es wiederum um ein Verbrechen der NS-Machthaber. Eine allein stehende **Eiche**, die man um 1980 fällte, wurde zum **„Baum des Todes"**. Einen ausführlichen Bericht über dieses grauenvolle Ereignis aus der „Schwarzen Chronik einer Weltstadt" fasse ich zusammen:

Andryz Szablewski, geboren 1913 in Polen, war 1940 nach Deutschland gebracht und als Landarbeiter („Fremdarbeiter") dem Gut Hohenbuchen zugewiesen worden. Dort lernte er die 21-jährige Hildegard, eine bereits geschiedene Deutsche, kennen, die im Umgang mit Männern recht erfahren gewesen sein soll. Die Gestapo erfuhr von der Liebesbeziehung und verhaftete die beiden im Juni 1941. Die junge Frau musste für drei Jahre ins KZ Ravensbrück.

Der 29-jährige Andryz wurde am 13. März 1942 gegen 13 Uhr an der Eiche erhängt, *da er sich in schändlicher Weise an einer deutschen Frau vergangen habe* – so der Originalton der damaligen selbst ernannten deutschen Herrscher über Leben und Tod. Etwa 200 Polen wurden gezwungen, sich im Viereck aufzustellen, um diesen Tod durch den Strang als Augenzeugen *zur Abschreckung* mitzuerleben.

Nach der Hinrichtung **soll** es von den Gestapoleuten (oder SS?) ein munteres Gelage im Lokal von Sparr gegeben haben. Dieses Verbrechen **soll** die Poppenbüttler Bevölkerung aufs Äußerste erregt haben. Nach dem Krieg **soll** einer der an der Hinrichtung beteiligten Deutschen (ein Polizist?) Selbstmord begangen haben …

Vielleicht leben ja noch Augenzeugen oder Teilnehmer, die authentisch die Wahrheit berichten wollen? Auch anonyme Briefe an den Autor sind möglich.

Wenden wir uns nun schöneren Dingen zu, nämlich anderen bemerkenswerten Bäumen dieses Parkes. Wenn wir Hohenbuchen gegenüber vom Maike-Harder-Weg betreten, begrüßen uns rechter Hand zwei hohe **Rotbuchen**, von denen die zweite einen

Umfang von immerhin 3,75 Metern aufweist. Um den Teich herum wachsen weitere Rotbuchen sowie am hinteren Ende ein halbes Dutzend schöner **Linden**.

Direkt am Wasser – auf der Höhe des Gebäudes mit dem Kindertagesheim der AWO – stehen drei kräftige **Eichen**. Die stärkste hat einen Umfang von 4,60 Metern.

Rotbuchen, Linden und Eichen prägen das Bild des gesamten Geländes. Zwei interessante Bäume befinden sich östlich des Gebäudes, d.h. zwischen diesem und der Alster. Zum einen fällt sofort ein sehr schön gewachsener **Feldahorn** *(Acer campestre L.)* auf. Er ist von mehreren Bänken umgeben, hat einen Umfang von 2,40 Metern und ist in Hamburg einer der ältesten und größten seiner Art (Foto S. 164).

Der zweite auffällige Baum ist eine ca. 8 Meter hohe **Japanische Hemlocktanne** *(Tsuga diversifolia)*. Diese botanische Rarität zwischen dem Ahorn und der Alster fällt hier aus dem Rahmen. Sicherlich ist sie ein Überbleibsel aus der Baumschule von Alexander Kähler. Wenige Meter entfernt wächst eine herrliche große **Blutbuche**.

Wir folgen jetzt dem Alsterlauf flussaufwärts und gelangen bald zur:

18

Japanische Hemlocktanne

Hohenbuchenpark Hohenbuchen

Linke Seite, oben: Auf einem Rainfarn sitzt ein hübscher Bläuling – einer von zahlreichen hier vorkommenden Tagfalterarten.

Mellingburger Alster-Schleife

Hier bildet der Fluss einen natürlichen Mäander, dessen Inneres ein vorgeschichtliches Siedlungsgebiet war, wie zahlreiche Funde belegen.

Besonders spektakuläre Bäume sind hier nicht anzutreffen. Aber da das Gebiet der Alster-Schleife klimatisch begünstigt ist und eine Wärme-Insel inmitten der Oberalsterregion darstellt, kommen hier zahlreiche seltene Tier- und Pflanzenarten vor. Seit fast 20 Jahren wird dieses Areal von der Gruppe Alstertal des NABU (Naturschutzbund Deutschland) betreut. Durch gezielte Strukturverbesserungen wie z. B. das Anlegen von Teichen, Kiesgruben, Hecken und Knicks gelang es, die Artenvielfalt etlicher Tier- und Pflanzengruppen deutlich zu erhöhen. Für die Öffentlichkeit werden hier regelmäßig Naturführungen angeboten.

Linke Seite, unten: Laubfrösche sind in Hamburg praktisch ausgestorben. Hier sonnt sich einer auf einer Brombeerranke in der Alster-Schleife.

19 Saseler Stadtpark und Berner Gutspark

Saseler Stadtpark

Bus 174 Saseler Markt

Vom Saseler Markt erreichen Sie den Saseler Stadtpark nach einem kleinen Fußmarsch von etwa zehn Minuten.

In unmittelbarer Nähe des mit zahlreichen Bäumen umstandenen Herrenhauses wuchs ein ganz besonderes Baum-Exemplar. Der Lokalhistoriker A. Griem schrieb darüber: *Die Königin unter allen aber ist die alte Esche … eine Sehenswürdigkeit des Alstertales.* Es hieß, dass vier Männer diesen Baum kaum umspannen konnten. Eine Zeitzeugin erzählte mir, dass sechs junge Frauen nicht in der Lage waren, ihn zu umfassen. Sie könne sich noch genau daran erinnern, da sie selbst zusammen mit anderen BDM-Mädchen zu bestimmten Nazi-Feiertagen um die Esche herumgetanzt sei.

Dieser gewaltige Baum – sein Stammumfang muss wohl an die 8 Meter betragen haben – bot in der Nazi-Zeit natürlich gleich einen willkommenen Anlass, um an die Mythen der „Weltesche“ anzuknüpfen.

Leider musste dieser Eschen-Gigant in den 1950er Jahren wegen Altersschwäche gefällt werden.

Immerhin kann ich Ihnen nebenstehendes Foto von einer noch vorhandenen **dreistämmigen Esche** bieten, die möglicherweise ein Nachkomme der riesigen „Weltesche“ ist, denn sie wächst unweit des ursprünglichen Standortes derselben, westlich des Herrenhauses am Spielplatzgelände.

Wenn Sie von der Esche aus Richtung Norden gehen, stoßen Sie schnell auf eine Rasenfläche, an deren Nordseite sich ein Backstein-Denkmal mit einer Marmorplatte befindet. Ihre sehr allgemein gehaltene Inschrift lautet:

Den Opfern der Zeit 1914–1945. Sasel anno 1957.

Das Denkmal ist von mehreren hohen Bäumen umgeben. Von links nach rechts: **Eiche** (Umfang 3,65 m), **Rosskastanie**, **Linden** im Hintergrund und ein großer **Bergahorn** mit Efeu.

19

Esche

Saseler Stadtpark
Sasel

Linke Seite, großes Bild: Der kuriose Wurzelfuß der dreistämmigen Esche.
Foto: Januar 1997

Linke Seite, kleines Bild: Die fünfstämmige Eiche.
Foto: Dezember 1999
(Text S. 171)

Ein Liebespaar: Links der Buchenstamm, rechts die Esche. Nach der schönen, glatten Haut zu urteilen, kann eigentlich nur der linke Stamm der Dame gehören. Foto: Oktober 1997

19

Roterlen

Berner Gutspark
Berne

Wenn Sie vom Efeu umrankten Bergahorn aus etwa 60 Meter südlich gehen, treffen Sie direkt neben dem Fuß- und Radweg zum Sasel-Haus auf eine eindrucksvolle **fünfstämmige Eiche** (Umfang 5,70 m!, Foto S. 168).

Etwa 10 Meter weiter südlich vom „Fünfling" wächst eine andere kräftige **Eiche** (4,25 m Umfang).

Folgen Sie diesem Weg etwas weiter nach Süden. Dann kommen Sie zum Sasel-Haus, das für seine zahlreichen kulturellen Aktivitäten und Veranstaltungen bekannt ist. Vor dem Haus steht eine einzelne, nicht gerade gewaltige, aber schön gewachsene **Eiche** (Umfang 3,30 m).

Berner Gutspark

U 1 Berne

Wir verlassen den Bahnhof, gehen links den Berner Heerweg hinunter und biegen gleich rechts in die Straße „Zum Gutspark" ein. Nach 50 Metern sehen wir rechter Hand hinter einer kleinen Buchenhecke eine sehr stattliche **Roteiche** mit einem Umfang von nahezu 4 Metern.

Wir folgen der Straßenbiegung nach rechts und erblicken rasch ein weiteres **Baum-Liebespaar** linker Hand neben der Straße (vgl. Kapitel 16, Wellingsbüttel). Dieses Mal sind es eine **Esche** und eine **Rotbuche**, die eng aneinander geschmiegt dem Himmel entgegenstreben. Ich war so indiskret und maß beide Stämme

Unten:
Die kräftige Farbe der Baumstämme macht dem Namen „Roterle" alle Ehre.
Foto: Januar 1998
(Text S. 173)

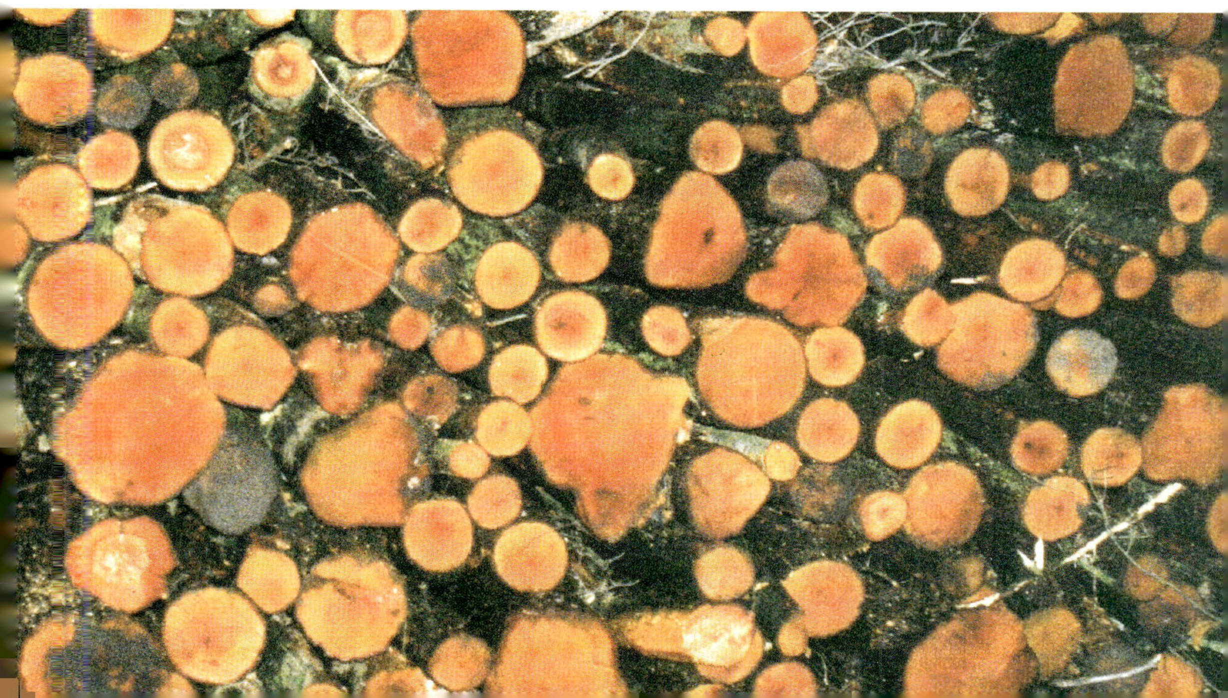

zusammen: 4,05 Meter Umfang. Schauen Sie einmal nach oben: In etwa 6 Metern Höhe teilt sich der Eschenstamm. Seine beiden Einzelstämme nehmen dann den Rotbuchenstamm in ihre Mitte.

Hinter diesem Baumpaar befindet sich der Berner Gutspark. Der kleine Bach zwischen Straße und Park ist die Berner Au.

Unter anderem sorgt sie dafür, dass der Boden in ihrer Nähe sehr feucht ist. Um ihn für Baumarten vorzubereiten, die keine feuchte Erde vertragen, wurden zur Entwässerung vor einiger Zeit **Schwarzerlen** *(Alnus glutinosa)*, auch **Roterlen** genannt, angepflanzt (Foto S. 170/171). Nach „getaner Arbeit" wurden sie gefällt. Ein Teil der gefällten Erlen wurde verkauft und z. B. zu Parkettfußboden verarbeitet.

Der Gutspark ist klein und Sie werden schnell zum Herrenhaus finden, das jetzt als Kindertagesheim genutzt wird. Eine Tafel an dem Gebäude und weitere Wandtafeln in seinem Innern geben Ihnen ausführlich Auskunft über die Geschichte des früheren Gutes Berne, das seit 1375 dem Hospital St. Georg gehörte. Um 1880 ließ der spätere Besitzer Charles Baron von Schröder dieses repräsentative Gutshaus mit aufwändiger Innenausstattung errichten.

Der Park bietet uns einen schönen alten Baumbestand. Besonders hervorzuheben sind folgende Bäume: Eine hübsche **Linde** (Umfang 3,70 m), die sich in viele breit ausladende Einzeläste teilt, steht vor der Auffahrt zum Herrenhaus.

Unweit der Linde brachte es eine mächtige **Rotbuche** auf einen Umfang von 5,30 Metern. Leider musste sie wegen Pilzbefalls im Oktober 1999 gefällt werden. Ihr Alter wurde mit *wahrscheinlich mindestens 170 Jahren* berechnet. Mit dem nebenstehenden Foto wollen wir dem schönen Baum ein „Denkmal" setzen.

Vielleicht 100 Meter südöstlich des Herrenhauses steht direkt am Weg eine sehr alte und vom Leben stark gezeichnete **Edelkastanie** (**Esskastanie**), die sich dicht über dem Boden in zwei Hauptstämme teilt. Sie ist nicht sehr hoch gewachsen, könnte aber mit ihrem Umfang von 4,80 Metern an die 150 Jahre alt sein.

30 Meter von ihr entfernt protzt eine wuchtige **Eiche** mit ihrem Umfang von 5,70 Metern. Eine weitere sehr respektable **Eiche**, die etwa 150 Meter südlich des Herrenhauses auf der Rasenfläche am Weg gedeiht, bringt es immerhin auf einen Umfang von 5,05 Metern.

Auf einem Spaziergang durch den Park werden Sie sicherlich noch andere schöne Baumgestalten entdecken, wenn auch nicht unbedingt derartig alte wie die oben erwähnten.

Rückfahrt: Bus 277 Saselheider Weg / Berner Allee bis Berne oder bis U-/S-Bahn Barmbek.

19

Linde
Rotbuche

Berner Gutspark Berne

Linke Seite:
„In Memoriam" – die Rotbuche zwei Jahre vor ihrem gewaltsamen Tod. Im Hintergrund das Herrenhaus.
Foto: Oktober 1997

20 Bergstedt: Die Eiche der Völkerschlacht bei Leipzig – Die Kaiser-Friedrich-Linde – Die Kirche mit Goethe-Linde, Schiller-Linde und Luther-Eiche

20b

„Kaiser-Friedrich-Linde“

Woold Bergstedt

Bus 175, 369 Bergstedt Markt

20a Die Eiche und die Völkerschlacht bei Leipzig

Gleich auf dem Bergstedter Markt empfängt Sie eine geschichtsträchtige **Eiche**: Vor ihr steht ein Findling auf einem Findlingssockel mit der Inschrift: *18. Oktober 1813 – 1913.*

Dieses Denkmal erinnert an die Völkerschlacht bei Leipzig (16.-19.10.1813). Der Findling wurde 1913 zum 100. Jahrestag gesetzt.

Wenngleich der Baum in Bergstedt als „Friedenseiche von 1871“ bekannt ist, wird er wahrscheinlich erheblich früher, nämlich bald nach 1813 gepflanzt worden sein, denn mit einem Umfang von 4,40 Metern ist er eindeutig eher 200 als 130 Jahre alt.

Im März erwartet Sie auf dem Bergstedter Marktplatz eine Augenweide: 18.000 blühende Krokusse!

Linke Seite, großes Bild: Ein Baum mit Geschichte: Die Kaiser-Friedrich-Linde auf der Woold. Foto: Dezember 1999 (Text S. 176)

Linke Seite, kleines Bild: Die Friedenseiche auf dem Bergstedter Marktplatz mit Denkmal-Findling inmitten Tausender blühender Krokusse. Foto: April 2000

20b Die Woold mit der Kaiser-Friedrich-Linde

In unmittelbarer Nachbarschaft des Marktplatzes befindet sich die „Woold“, eine grüne, dreieckige Wiese, eingefasst von der Bergstedter Chaussee und der Straße Alte Schmiede.

Das Wort Woold entspricht übrigens nicht „Wald“, wie häufig zu lesen ist, sondern hat sich aus „Woort / Wurt“ entwickelt, was früher einmal „Hofstelle“ bedeutete.

Die Bergstedter Woold war immer schon ein freier Platz und lange Zeit „Freiweide“. Heute steht diese eindrucksvolle, mit Wildgras bewachsene Fläche erfreulicherweise unter Landschaftsschutz.

Die Woold wird von einer Reihe alter **Linden** flankiert. Beherrscht wird sie jedoch von einer allein stehenden schönen **Linde**, die in der Mitte der Wiese wächst und von vier zum Verweilen einladenden Sitzbänken umgeben ist (Foto S. 174). Dieser Baum ist eine etwa hundertjährige Dame mit interessanter Vergangenheit: Einst wurde sie als **Kaiser-Friedrich-Linde** gepflanzt und gehörte zum Lindenkranz um den Schulteich. Vor dessen Zuschüttung wurde sie als schon größerer Baum auf die Woold versetzt. Hierzu schrieb mit nationalistisch-patriotischem Pathos der Heimatforscher F. Sparmann (1940): *Es ist die Kaiser-Friedrich-Linde, die eine patriotische Bevölkerung im Gedenken an das tragische aber heldenhafte Schicksal des zweiten Deutschen Kaisers und an seine nur hunderttägige Regierungszeit nach ihm benannt hat.*

Als freistehender Baum konnte die Linde ihre Krone nach allen Seiten entfalten und zu einem Prachtexemplar von 3,60 Metern Umfang gedeihen.

Wenden Sie der Linde nun den Rücken zu und schauen Sie nach Norden: Hinter einer kleinen Steinmauer erhebt sich eine trutzige **Solitär-Eiche** mit dem respektablen Umfang von 5,75 Metern!

Wenn Sie weiter nach Norden gehen, gelangen Sie sehr schnell zu einem Kleinod, nämlich der Bergstedter Kirche.

20c

Birken

Bergstedt

20c Die Bergstedter Kirche mit ihrem geschichtsträchtigen Baumbestand

Die Kirche ist ein Bau der Superlative: Ihr Feldsteinkern stammt aus der Zeit um 1200. Im Jahre 1248 wurde sie zum ersten Mal schriftlich erwähnt, die Holzbalkendecke von 1609 ist mit einer Bemalung von 1685 versehen, die Kirchenglocke wurde 1622 gegossen, die Barockorgel ist von 1686, der im Kirchenraum schwebende Taufengel wurde 1786 geschaffen …

Linke Seite: Eine „Erinnerungs-Birke“ mit Bergstedter Kirche. Foto: Dezember 1999

Darüber hinaus ist sie als Tauf-, Weihnachts- und Hochzeitskirche äußerst beliebt. Und es dürfte in Hamburg nur wenige Konzertplätze geben, die etwa um die Weihnachtszeit in dem nur von Kerzen beleuchteten Kirchenraum eine ähnlich friedlich-feierliche Atmosphäre zu bieten vermögen.

Die Kirche ist von einer Vielzahl von alten oder „historischen“ Bäumen umgeben. Erwähnt sei zunächst ein „Baum-Wahrzeichen“, das heute nicht mehr existiert: die **„Kirchenmauer-Birke“**. Sie wuchs jahrzehntelang aus dem Sockel der Nordwand und war bereits im 19. Jahrhundert eine Legende.

Sie war mindestens 12 Meter hoch. Eine zweite Birke, diese an einem Fenster der Südseite wachsend, kam später dazu. 1961 wurden beide Birken entfernt, um das Mauerwerk nicht weiter zu gefährden.

Als nette Geste wurden drei Birken an der Nord- und Südseite des Turmes gepflanzt, die an die legendären „Mauer-Birken“ erinnern sollen.

Die Kirche und der daneben liegende alte Friedhof sind mit hohen **Linden** umkränzt, von denen die meisten bereits kurz nach 1800 vom damaligen Pastor Schröder gepflanzt wurden.

Der Stamm der 1932 auf dem Bergstedter Friedhof gepflanzten Goethe-Linde mit dem Gedenkstein. Foto: Juni 1997

1940 schrieb F. Sparmann: *... noch schöner aber ist die in Bergstedt eingebürgerte Sitte, ... große Deutsche durch Bäume, die ihren Namen tragen, besonders zu würdigen.* Hier auf dem Friedhof finden Sie nun auf engstem Raum die Ergebnisse dieser „schönen Sitte":

Links vom Kircheneingang wächst die **Goethe-Linde**. Vor ihr steht der Gedenkstein mit dem bekannten Spruch: *Edel sei der Mensch, hülfreich und gut. 1832 Goethe 1932.* Diese Linde wurde am 22.3.1932, Goethes hundertjährigem Todestag von der Bergstedter Schuljugend gepflanzt.

Wenn Sie links an der Kirche entlanggehen und sich an einer vielästigen mittelgroßen **Blutbuche** orientieren, dann stoßen Sie auf ein imposantes Kriegerdenkmal mit Hünengrabcharakter, um das 19 kreisförmig angeordnete Findlinge die Namen von Gefallenen des Ersten Weltkrieges tragen. Hinter dem Hügel wächst die 1905 gepflanzte **Schiller-Linde**, vor der ein Stein steht mit der Inschrift:

Ans Vaterland, ans teure, schließ dich an! 1805–1905.

Dieser Stein wurde 1925, als das Denkmal gebaut wurde, unter die anlässlich Schillers hundertjährigen Todestages gepflanzte Linde gesetzt.

Eine 1917 aus Anlass des vierhundertjährigen Jubiläums des Reformationstages vom damaligen Pastor Peters gepflanzte **Luther-Eiche** wurde entfernt. Der dazugehörige Stein mit dem Spruch *Ein feste Burg ist unser Gott* hat überlebt und befindet sich nun an der östlichen Kirchenrückwand.

Wenn wir um die Kirche herumgehen, treffen wir auf ein Mahnmal, das uns an das im Kapitel 17 erwähnte Außenlager Sasel des KZ Neuengamme erinnert. Dieses Mahnmal wurde 1990 für die 35 Frauen und den Säugling errichtet, die 1944/45 auf Grund der Entbehrungen im Außenlager starben und hier auf dem Bergstedter Friedhof beigesetzt wurden. Mehrere Steine und eine kleine Gedenktafel bilden ein Ensemble. Auf dem zerbrochenen Stein steht ein Spruch aus der Jerusalemer Gedenkstätte Yad Vashem:

Vergessen verlängert das Exil.
Erinnern ist das Geheimnis der Erlösung.

21 Volksdorf und Großhansdorf

Volksdorf: „Röntgenkastanie" – Museumsdorf mit „Wander-Eibe" – Weiße Rose mit Fercks Eichen – Ohlendorff Park – Teichwiesen

21a

Rosskastanie

Ferck-Straße Volksdorf

U 1 Volksdorf

Unmittelbar vor dem U-Bahnhof Volksdorf, Westseite, erwartet Sie hinter einer mächtigen **Eiche** (Umfang etwa 5 m), die sich 1,50 Meter über der Erde in verschiedene Stämme teilt, ein interessanter Baum:

21a Die hoch gewachsene „Röntgenkastanie"

Diese etwa 110 Jahre alte **Rosskastanie** (Umfang ca. 3 m) ist ein Überbleibsel eines Knicks. 1970 war sie Anlass für einen Expertenstreit. Wegen eines tiefen Faulloches im Stamm hieß es zunächst: *Die Kastanie muss fallen!* Dann ereignete sich eine „Uraufführung" in Deutschland, denn zum ersten Mal wurde ein Baum richtig geröntgt. Durchgesetzt hat sich die Meinung des Baumsanierungs-Experten Maurer (vgl. Bd. I, S. 129), die lautete: *Die Sanierung ist möglich und nicht viel teurer als das Fällen!*

Die 110-jährige, einst dem Tod geweihte „Röntgenkastanie" erfreut uns schon 30 Jahre lang seit ihrer Sanierung. Rechts: die alte Eiche. Foto: März 1998

Gegenüber dem Ostausgang des Bahnhofs Ecke Claus-Ferck-Straße/Rockenhof wächst eine andere stattliche **Eiche** (Umfang

4,70 m). An einem **Eichenexemplar** ähnlichen Kalibers, das direkt am Fußweg wächst, kommen Sie nach wenigen Minuten vorbei, wenn Sie die Claus-Ferck-Straße nach Norden gehen. Halten Sie sich rechts, und Sie gelangen bald zur Straße „Im Alten Dorfe", in der es viel zu sehen gibt.

Zunächst treffen Sie vor der Haspa auf die **Friedenseiche** nebst einem Stein mit der Angabe „1870–71". Da diese stattliche Eiche einen Umfang von 4,50 Metern aufweist, ist sie sicherlich erheblich früher als 1871 gepflanzt worden. Wahrscheinlich wurde der Gedenkstein nachträglich unter den Baum gesetzt.

Auf keinen Fall sollten Sie sich Folgendes entgehen lassen:

21b Im Alten Dorfe: Bäume im Museumsdorf Volksdorf, Weiße Rose, Ohlendorff Park

Diese museale Dorfanlage, Im Alten Dorfe 46–48, stellt in mehreren alten Fachwerkhäusern das bäuerliche Leben des 17. bis 19. Jahrhunderts dar. Die 1962 gegründete Gesellschaft für Heimatpflege und Heimatforschung „De Spieker“ ist der Trägerverein und unterhält das Museumsdorf.

Auf dem Gelände stehen mehrere bemerkenswerte Bäume: Die **Linden** am Eingang wurden um 1885 gepflanzt. Der schönen **Eiche** am Spiekerhaus wird ein Alter von 200-250 Jahren zugesprochen (Umfang 4,50 m).

Der spektakulärste Baum der Anlage ist jedoch die **„Dorf-Eibe“**, die neben dem Kräutergarten wächst. Wir könnten sie auch getrost die „Wander-Eibe“ nennen, denn dieser 200–300 Jahre alte Baum wurde 1976 nach ausgiebiger vorheriger Behandlung des Wurzelballens vom Südrand der ehemaligen Ferckschen Hofstelle (heute Weiße Rose) mit einem Tieflader ins Museumsdorf transportiert und hier eingepflanzt.

Der DM 15.000,– teure Umzug war durch die neue Ortskernbebauung erforderlich geworden. Eiben dieses Alters sind in Hamburg äußerst selten geworden, und es war zweifellos eine weise Entscheidung, diesem Exemplar im Museumsdorf eine passende neue Heimat zu geben. Ich erinnere daran, dass Hamburgs ältester Baum ebenfalls eine Eibe ist (s. Bd. I, u. a. S. 178 ff.).

Im Alten Dorfe befindet sich nun der neue, moderne Dorfplatz „Weiße Rose“, benannt nach der Widerstandsgruppe der Geschwister Hans und Sophie Scholl. Ein Denkmal in Form einer stilisierten Rose aus Muschelkalk würdigt diese beiden jungen Menschen, einige der viel zu wenigen Deutschen, die sich der nationalsozialistischen Barbarei widersetzten. Ihr Todesurteil verkündete am 22.3.1943 der berüchtigte Volksgerichtspräsident Roland Freisler. Die Begründung begann: *Die Angeklagten haben im Kriege in Flugblättern zur Sabotage der Rüstung und zum Sturz der nationalsozialistischen Lebensform unseres Volkes aufgerufen …*

Auf dem Platz Weiße Rose stehen einige einzelne alte **Eichen** und träumen von früheren und für sie besseren Zeiten, als sie hier dem Gehöft der Bauernfamilie Ferck Windschutz boten.

21b

„Wander-Eibe“

Museumsdorf Volksdorf

Linke Seite: Die alte Eiche im Museumsdorf steht zwischen der Grützmühle (links) und dem Spiekerhaus. Die Grützmühle stammt aus Hummelsbüttel. Das Gebäude wurde hier rekonstruiert und mit den alten Mahlwerken eingerichtet. Foto: Januar 2000

Der stärkste dieser Bäume misst 5,30 Meter (Umfang) und ist somit wohl mindestens 300 Jahre alt.

Im Alten Dorfe 28 treffen wir auf die Villa des Hans von Ohlendorff, Sohn des auch als „Schietbaron“ bzw. „Guanoritter“ bekannten Heinrich von Ohlendorff. Diese Villa wurde 1928 von den Architekten Elingius und Schramm konzipiert. In ihr residiert heute das Ortsamt Walddörfer.

Sehr elegant wirkt die halbkreisförmige Auffahrt mit ihren drei hübschen **Buchen**, von denen die stärkste einen Umfang von 3,30 Metern aufweist.

Hinter der Villa lädt ein kleiner Park zum Spaziergang ein. Er stellt den Rest des 1885 fertig gestellten erheblich größeren Gutsparkes dar. Eine große Rasenfläche mit einigen anmutigen **Trauerbuchen**, ein Rundweg mit stämmigen **Eichen** und einigen **Linden** erfreuen den Baumliebhaber.

Naturfreunde sollten Volksdorf nicht verlassen, ohne das Naturschutzgebiet „Volksdorfer Teichwiesen“ zu besuchen, das vom Westausgang des U-Bahnhofs nach kurzem Fußmarsch leicht zu erreichen ist.

Ein Rundwanderweg (ca. 45 Minuten) erschließt das gesamte Gebiet dieses Tunneltals aus der letzten Eiszeit, in dem 105 Tier- und Pflanzenarten vorkommen, von denen 27 Arten bundesweit gefährdet sind. Über 30 Vogelarten – unter ihnen Bekassine und Kiebitz – brüten hier. Das knapp 40 Hektar große Areal wird vom BUND betreut, der auch naturkundliche Führungen anbietet.

Großhansdorf

U 1 Großhansdorf

Sie verlassen den U-Bahnhof Großhansdorf, Ausgang Richtung Ahrensburg, und gehen etwa 150 Meter den Eilbergweg entlang. Vor dem Haus Nr. 2 sehen Sie eine gedrungene, urige **Eichen-**

gestalt. Dieser bereits sanierte Baum (Umfang 4,30 m) mit seinen gekappten oberen Ästen ist sicherlich nur einer der interessanten Bäume dieses Gebietes.

Ich möchte Sie zu einer ausgesprochenen dendrologischen Rarität führen. Sie biegen jetzt rechts in den Wöhrendamm ein. Im Vorgarten des Hauses Nr. 13 wächst:

21c

Mammutbaum

Wöhrendamm Großhansdorf

21c Der älteste Mammutbaum von Hamburg und Umgebung

Dieser älteste Mammutbaum *(Sequoiadendron giganteum)* Hamburgs ist gleichzeitig einer der ältesten in ganz Norddeutschland. Er wurde bereits 1880 als kleiner Sämling aus Nordamerika von einem Großhansdorfer Kapitän gepflanzt. Der Steckbrief dieses Giganten: Höhe: 25 Meter, Umfang: 5,15 Meter, Alter: gut 120 Jahre.

Der Baum steht auf einem Privatgrundstück. Als besonders geschütztes Naturdenkmal darf er weder entfernt noch beschädigt werden. Am Gartenzaun wurde vom Ordnungs- und Umweltamt eine Tafel mit zusätzlichen Informationen über Mammutbäume angebracht.

Übrigens bringen es Mammutbäume in ihrer Heimat USA (Kalifornien) auf eine Höhe von 100 Metern und ein Alter von bis zu 4.000 Jahren. Vor der Eiszeit waren sie auch in Deutschland heimisch. In der Niedersächsischen Forstlichen Versuchsanstalt Escherode bei Göttingen werden seit einigen Jahren Mammutbaum-Sämlinge gezüchtet, um diese hölzernen Riesen mit ihrer enormen Wuchskraft im deutschen Wald wieder anzusiedeln.

Es gab bereits vor 100 Jahren erste Ansiedlungsversuche in Deutschland. In der Nähe von Stuttgart steht ein gutes Dutzend dieser hundertjährigen Giganten eng beieinander.

Eine Hamburgerin schrieb mir zum Thema Mammutbäume: *Sie sind für mich heilige Kathedralen.*

Linke Seite: Nach 120 Jahren hat dieser Mammutbaum bereits einen Umfang von 5,15 Metern erreicht. Wie groß mag er noch werden? Foto: März 1998

● Von Horn nach Osten

22 Horn: „Esperanto-Baum“ und Blohms Park

U 3, Busse 160, 161 Horner Rennbahn

Dieses Kapitel dient der Ergänzung des Rundgangs 16 in Band I.

Sie verlassen den Westausgang (Bauerberg) des U-Bahnhofs und gehen geradeaus den linken Wanderweg am Grünstreifen entlang. Nach etwa 70 Metern treffen Sie rechts am Weg auf eine mittelgroße **Platane** (Umfang 1,50 m), den:

22a

„Esperanto-Baum“

Bauerberg
Horn

22a „Esperanto-Baum“ – „Mi estas la sola Esperanto-arbo en Hamburgo“

Mi ne parolas Esperanton, bedaùrinde! – Ja, hiermit erschöpft sich leider mein Esperanto-Wortschatz. Sie werden aber verstanden oder kombiniert haben, dass ich der einzige Esperanto-Baum in Hamburg bin und leider kein Esperanto spreche.

Ich kann Ihnen aber schnell etwas über diese künstliche Sprache erzählen: Erfunden wurde sie 1887 vom Warschauer Augenarzt L. Zamenhof als „Welthilfssprache“. Sie ist für Menschen des westlichen Kulturkreises sehr leicht und schnell erlernbar, da sie auf logischen, einfachen Regeln aufgebaut ist.

Gut drei Millionen Menschen in 115 Ländern können sich in Esperanto verständigen. Es gibt eine Zeitschrift des Esperanto-Weltbundes und zahlreiche Bücher, die in diese Sprache übersetzt wurden. In vielen Städten – so auch in Hamburg – gibt es Esperanto-Vereine.

Ich wurde als knapp zehnjähriges Bäumchen hier gepflanzt. Auf der Tafel neben mir steht:

Esperanto
fördert die Völkerverständigung
Platane gestiftet 29. 12. 71
vom Internationalen Jugendseminar

Linke Seite:
„Das bin ich, der einzige Esperanto-Baum Hamburgs.“
Foto: Juni 1997

Gepflanzt wurde ich anlässlich des 15. Internationalen Seminars des Esperanto-Jugendverbandes. Damals erschienen verschiedene Zeitungsartikel über mich – sogar mit einem Foto von mir!

Sie folgen dem Weg bis zur Straße Kernbek. Dort befindet sich der Nordwesteingang zu:

22b Blohms Park

Sie gehen links an der ersten großen Rasenfläche vorbei, an deren Ende eine schöne **Hängebuche** (Umfang 3,25 m) wächst. Sie setzen Ihren Spaziergang fort und befinden sich schnell im zweiten Teil des Blohms Parks. Linker Hand beim kleinen Spielplatz steht die Skulptur „Löwe mit Schlange". Daneben erhebt sich eine stattliche **Eiche** (fast 4 m Umfang). 25 Meter von ihr entfernt – hart am Spielplatzrand – fällt eine mächtige **Blutbuche** (Umfang 5,05 m!) auf, die sich in zwei Einzelstämme teilt.

Wenn Sie nun der Blutbuche den Rücken zukehren, fällt Ihr Blick auf die unbestrittene Schönheitskönigin des Parkes, nämlich auf die prachtvolle **Hängebuche** in der Mitte der Rasenfläche. Dieser ausnehmend hübsche Baum mag etwa 130 Jahre alt sein.

Gehen Sie einmal gemächlich um dieses Prachtexemplar herum, schauen Sie unter sein Blätterdach, lassen Sie Ihre Blicke am Stamm (Umfang 3,50 m) emporgleiten und erfreuen Sie sich an den zahlreichen herunterhängenden Ästen, die an armdicke Schlangen erinnern!

Ebenfalls auf der Rasenfläche, 20 Meter von der Hängebuche entfernt, wächst eine hübsche **Hainbuche** (Umfang 2,35 m), die durch ihren breiten Wuchs gefällt.

Etwa 50 Meter weiter, am östlichen Rasenrand, steht eine hohe **Silberlinde** (Umfang 3,15 m). Von ihr sind es nur noch 100 Meter bis zum Ausgang Horner Landstraße / Hertogestraße.

Kurz vor diesem Ausgang stehen links des Weges auf der Rasenfläche ein kleiner **Trompetenbaum** und 10 Meter weiter ein mittelgroßer **Tulpenbaum**. Dieser bietet den großen Vorteil niedrig hängender Äste, sodass Sie zur Blütezeit (zweite Hälfte Juni / Anfang Juli) bequem von oben in seine wunderschönen tulpenartigen Blüten hineinschauen können.

Mit etwas Glück sehen Sie hier eine weitere Augenweide – diesmal ornithologischer Art: einen männlichen Dompfaff (Gimpel).

Rückweg: In nordöstlicher Richtung zum U-Bahnhof Horner Rennbahn.

22b

Hängebuche

Blohms Park
Horn

Linke Seite:
Ein Blickfang – die wunderschöne Hängebuche. Blick in Richtung Kernbek, dem Nordwesteingang zu Blohms Park.
Foto: Sommer 1996

Dompfaffen sind in vielen Parks und Gärten anzutreffen. Wir sehen es ihnen nach, dass sie auch gern Knospen fressen! Hier: ein männliches Exemplar.

23 Bergedorf

S 21 und zahlreiche Buslinien Bahnhof Bergedorf

Über Bergedorfer Bäume könnte man leicht einen Sonderband schreiben, denn allein im Schlosspark soll es über 400 Bäume geben, deren Stammumfang 80 cm übersteigt. Ich werde Ihnen in diesem Kapitel einen Überblick über diesen Bereich Hamburgs geben und den Textteil relativ kurz fassen.

Vom Bahnhof erreichen Sie nach kurzem Fußmarsch den schönen Schlosspark. Im Schloss, das auf eine mehr als 750-jährige Geschichte zurückblicken kann, befinden sich ein Museum und ein gemütliches Café mit historischer Ausstattung.

Im Schlosspark an der Westseite des Schlosses fallen insbesondere die hohen **Eschen**, eine **Sumpfzypresse** und ein weiblicher **Ginkgo** auf.

Unmittelbar neben dem Schlossgarten gibt es mehrere historische Gebäude mit Informationstafeln.

In der nahe gelegenen Straße Sachsentor behauptet sich im Innenhof des Hauses Nr. 29, eingepfercht zwischen alten Häusermauern, eine große, eindrucksvolle **Rosskastanie** (Umfang 3,60 m).

Sie gehen ein kleines Stückchen weiter und kommen in die Chrysanderstraße. Die meisten großen Buchen dieser Straße wurden zwischen 1850 und 1870 gepflanzt. Besonders schöne Exemplare sind zu sehen in den Vorgärten folgender Häuser:

Chrysanderstr. / Ecke Augustastraße 17: Eine mächtige **Blutbuche** (Umfang 3,85 m, Krone 35 m).

Nr. 32: Eine **Blut**- und eine **Hängebuche**.

Nr. 50: Eine aus drei Einzelbäumen zusammengewachsene **Hängebuche** neben einer **Blutbuche**.

Am Ende der Straße steht die 1831 erbaute Holländer Windmühle, über die eine Tafel Auskunft erteilt. An den „Mühlentagen" – häufig zu Pfingsten – kann dieses Denkmal vorindustrieller Technik besichtigt werden.

Ganz in der Nähe treffen Sie auf eine herausragende Bergedorfer Baumpersönlichkeit:

23

Sumpfzypresse, Ginkgo

Schlosspark Bergedorf

Linke Seite, oben: Diese prächtige Rotbuche im Heinrich-Heine-Weg ist einer der schönsten alten Bäume Bergedorfs. Foto: 1994 (Text S. 190)

Linke Seite, unten: Die hohle Eiche bei der Luisenschule. Foto: 1994 (Text S. 190)

23a Die alte Rotbuche im Heinrich-Heine-Weg

Diese herrliche **Rotbuche** weist einen Umfang von 5,10 Metern und eine Krone von 30 Metern auf. Auch sie dürfte zwischen 1850 und 1870 gepflanzt worden sein (Foto S. 188).

Wenn Sie den Weg in Richtung Süden fortsetzen, kommen Sie zum Reinbeker Weg. Dort, gegenüber der von Fritz Schumacher 1929–1931 erbauten Luisenschule (Gymnasium), steht:

23b Die hohle Eiche

Dieser hoch gewachsene Recke (Umfang 4,85 m) musste sein Alter von vielleicht 250 Jahren mit etlichen großen Höhlen in seinem Stamm bezahlen (Foto S. 188).

In der Reinbeker Straße, vor den Häusern Nr. 21–35, werden Sie die acht im Kapitel „Tapfere Bäume" erwähnten stattlichen **Eichen** finden, die gegen Bordsteine und Straßenpflaster kämpfen müssen. Die stärkste hat einen Umfang von 3,75 Metern.

Auch in der Nachbarschaft gibt es manche bemerkenswerte Bäume wie z. B.:

Dreieichenweg 14: Zwei herrliche etwa hundertjährige **Rotbuchen**, deren Zweige fast bis auf die Erde reichen.

Ecke Sichterstraße/Lamprechtstr. 6: Hier befindet sich eine Grünanlage, die den Rest des ehemaligen Gartenparkes der Villa Lamprechtstraße 6 darstellt. Das Haus, in dem heute das Bezirksamt untergebracht ist, wurde 1896 für den Besitzer der Bergedorfer Kindermehlfabrik, den Kaufmann Friedrich Kufeke, erbaut Auf engstem Raum finden sich mindestens ein halbes Dutzend bemerkenswerter Bäume.

Wenn Sie in der Sichterstraße stehen und auf das Terrassencafé des Senioren-Centrums schauen, werden Sie direkt vor sich zwei große, etwas schräge **Silberlinden** erblicken. Rechts daneben steht eine **Blutbuche**. Etwa 20 Meter weiter rechts von dieser wächst eine kapitale **Roteiche** (Umfang 3,90 m). Weiter rechts folgen: Auf der Rasenfläche eine auffällige siebenstämmige **rot blühende Rosskastanie**, eine weit ausladende **Blutbuche** (4,20 m Umfang) und wiederum rechter Hand zum Weg hin ein mittelgroßer **Götterbaum**.

Am Baum 42: Hier können Sie eine sehr hohe **Flatterulme** (Umfang 3,25 m) betrachten. Ferner finden Sie in dieser Straße eine ganze Reihe nicht sehr großer, aber schön gewachsener **rot blühender Rosskastanien**.

Wir gehen nun weiter zur Wentorfer Straße, die ebenfalls etliche dendrologische Sehenswürdigkeiten zu bieten hat. Der „Star" unter ihnen ist:

23c Die ehrwürdige Schul-Rosskastanie

Dieser wunderschön gewachsene Baum mit seinen breiten Ästen steht auf dem Schulhof der Handelsschule Bergedorf, Wentorfer Straße 13. Er hat einen Umfang von fast 4 Metern. Ihm wird ein Alter von 150 Jahren zugesprochen (Fotos S. 192).

In der Wentorfer Straße Nr. 30 steht rechts an der Auffahrt zum Standesamt eine auffällig kräftige und hohe **Silberlinde** (4,10 m Umfang), deren Einzelstämme durch eine Stahltrosse zusammengehalten werden. Linker Hand wird die Auffahrt von **Eiben** gesäumt. Direkt links vor dem Standesamt wächst ein **Ginkgo** (2,05 m Umfang).

Gehen Sie am Ginkgo vorbei unter großen **Blutbuchen** hindurch, und Sie kommen in den schönen Garten an der Rückseite des Rathauses. Dort werden Sie sicher sogleich eine **Farnblättrige Buche** mit Kugelwuchs bemerken, deren unterste Äste dicht über der Erde ansetzen.

Die Rasenfläche ist mit **Pyramiden-Eichen** umstanden, am Haus verschönern Blumenbeete diese Oase der Ruhe, in der mehrere Bänke zum Verweilen einladen.

Unmittelbar südlich des Rathausgartens verläuft der Schulenbrooksweg, der von ca. 40 kleinen, sehr dekorativen Zierbäumen bestanden ist. Es handelt sich um eine Kultur-Prunus-Sorte, und zwar um **Blutspflaumen** *(Prunus domestica nigra)* mit kleinen dunkelroten Blättern und rosafarbenen Blüten (Blütezeit Anfang April).

Wenn Sie nun auf die Wentorfer Straße zurückkehren, können Sie auf einer Tafel an der Vorderseite des Rathauses u. a. erfahren, dass der Hauptteil des Gebäudes ursprünglich die 1898/99 für den Kaufmann H. F. Messtorff errichtete Villa war.

23c

Blutspflaumen

Schulenbrooksweg
Bergedorf

Rechts neben dem Rathaus erfreut uns eine schöne **Hängebuche** mit weit ausladender Krone.

Weitere sehenswerte Bäume in der Wentorfer Straße sind:

Nr. 56: Eine mächtige **Blutbuche** im Hintergarten.

Nr. 60: Eine große **Blutbuche** im Vorgarten.

Nr. 78: In einigem Abstand von der Straße – aber von ihr aus dennoch gut sichtbar – wächst eine stattliche **Österreichische Schwarz-Kiefer** *(Pinus nigra Arnold)* mit einem Umfang von 3,25 Metern.

Von der Wentorfer Straße aus könnten Sie noch einen Abstecher zum südlich von ihr gelegenen Alten Friedhof am Gojenbergsweg machen. Hier finden Sie inmitten vereinzelter alter Grabsteine insbesondere in der Nähe der 1954–1956 erbauten Kirche St. Michael etliche sehr schöne und große **Rotbuchen** und **Eichen**.

Südlich des Friedhofs verläuft die Rothenhauschaussee. Abgesehen von den zahlreichen **rot blühenden Rosskastanien** in dieser Chaussee sind besonders bemerkenswert:

23d

Blutbuchen

Rothenhauschaussee Bergedorf

Linke Seite, oben:
Die alte Schul-Kastanie im Wonnemonat Mai.
Foto: 1998
(Text S. 191)

23d Zwei herrliche Blutbuchen vor dem ehemaligen Bergedorfer Versorgungsheim

Die beiden Prachtexemplare mit einem Umfang von 3,60 bzw. 3,40 Metern stehen vor einem repräsentativen Gebäude, dem Anfang des 20. Jahrhunderts erbauten Bergedorfer Versorgungsheim (Rothenhauschaussee Nr. 100). In dieser ehemaligen Heimschule erhielten heim- und elternlose Kinder Unterricht in Land- und Küchenwirtschaft sowie in verschiedenen Handwerksberufen. Später fungierte das Gebäude als Altersheim. Seit 1990 ist es Wohnunterkunft für Aussiedler aus Russland (Foto S. 194).

Die fotografierten Kinder leben in dem benachbarten Containerdorf und kommen mehrheitlich aus dem ehemaligen Jugoslawien. Sie alle hoffen auf eine friedliche und schönere Zukunft. Wir wünschen ihnen alles Gute, denn viele von ihnen haben schon Schreckliches erlebt.

Jetzt weise ich Sie noch auf nördlich des Bergedorfer Bahnhofs gelegene dendrologische Sehenswürdigkeiten hin:

Linke Seite, unten:
Unbelaubt zeigt die Kastanie sehr schön ihre Struktur.
Foto: April 1998

Oben:
Die gut gewachsene Eiche am Lohbrügger Marktplatz. Foto: 1994

Mitte:
Die prachtvollen Blutbuchen bilden mit dem alten Gebäude Rothenhauschaussee 100 ein repräsentatives Ensemble.
Foto: 1994
(Text S. 193)

Unten links: Vor dem kräftigen Buchenstamm posieren die Betreuerinnen mit „ihren" ausländischen Kindern, die so klangvolle Vornamen tragen wie Maida, Oxana, Egor oder Almira.
Foto: Juli 1997
(Text S. 193)

23e Die weit ausladende Eiche am Lohbrügger Marktplatz

Dieser kräftige Baum (Umfang 3,65 m), dessen Stamm sich in 3 Metern Höhe in mehrere starke Seitenäste teilt, erfreut uns durch einen besonders schönen Wuchs.

Unter seinem weit ausladenden Astwerk haben drei Gedenksteine Platz. Der gewaltigste ist ein 2 Meter breiter und beinahe 2 Meter hoher Findling, der dem „Turnvater" Friedrich Ludwig Jahn gewidmet ist.

Diese herrliche Eiche soll 1853 – ein Jahr nach Jahns Tod – von Bergedorfer Turnern gepflanzt worden sein.

Eine außerordentliche Ansammlung dendrologischer Kostbarkeiten bietet:

23f

Osage-Orangenbaum
Blumen-Hartriegel

Arboretum
Lohbrügge

23f Das Arboretum Hamburg-Lohbrügge

In diesem von der Bundesforschungsanstalt für Forst- und Landwirtschaft betriebenen Arboretum in der Leuschnerstraße 91 (Bus 234) gibt es etwa 360 verschiedene Laub- und 180 Nadelbaumarten. Die offiziellen Mitteilungen des Arboretums von 1995 sprechen sogar von insgesamt 1570 Gehölzarten und -formen!

Die ältesten Bäume des Geländes sind die **Eichen**, die direkt am Eingang stehen. Sie könnten mindestens 150 Jahre alt sein.

Leider ist das Arboretum nur selten – an einem „Tag der Offenen Tür" – der Öffentlichkeit zugänglich. Gruppen können sich zu einer Führung anmelden.

Selbstverständlich kommen unter den zahlreichen Gehölzarten des Arboretums auch viele exotische vor. Stellvertretend für alle zeige ich Ihnen Blätter und Früchte des **Osage-Orangenbaumes** *(Maclura pomifera, Raf. Schneid.)*, der in großen Teilen der USA heimisch ist, und den **Koreanischen Blumen-Hartriegel**.

Innen:
Osage-Orangenbaum im Arboretum mit seinen Scheinfrüchten. Foto: Oktober 1998

Außen:
Der dreißigjährige Koreanische Blumen-Hartriegel im Arboretum Lohbrügge.
Foto: Juni 2000

24 Am Billwerder Billdeich

S 2 / S 21 Nettelnburg

Vom Bahnhof Nettelnburg gehen Sie nordöstlich in den Oberen Landweg, der direkt zu einer der längsten Straßen Hamburgs, dem Billwerder Billdeich, führt.

Gut lässt sich dieses Kapitel mit dem Fahrrad „er-fahren", denn sehr bald kommen Sie zu einem Wanderweg, der rechts parallel der Straße verläuft. Wenn Sie zu Fuß unterwegs sind, könnten Sie diesen schönen Wanderweg ebenfalls benutzen und hin und wieder auf die Straße stoßen, um sich dort etwas anzuschauen.

Sie brauchen nicht wieder zum Ausgangspunkt zurückzukehren, denn auf dem Billwerder Billdeich fährt (relativ selten) ein Bus. Am Ende dieses Ausflugs können Sie auch in die S-Bahn steigen (Mittlerer Landweg).

Übrigens bietet die nördlich des Billwerder Billdeichs gelegene Boberger Niederung hervorragende Ausflugsmöglichkeiten und Naturschönheiten mit zum Teil seltenen Vogel-, Insekten- und Pflanzenarten!

Die erste Sehenswürdigkeit am Billwerder Billdeich ist, und zwar mit der Hausnummer 616:

Die etwa 100 Jahre alte Eiche passt hervorragend zu dem schönen Fachwerkhaus (Hufnerhaus). Foto: November 1997

24a Das prächtige Hufnerhaus mit der schönen Eiche

24a

Eiche

Billwerder Billdeich
Billwerder

Dieses 1719 erbaute, unter Denkmalschutz stehende Gebäude ist eines der schönsten Fachwerkhäuser der Hamburger Marsch. Leider wurde es 1997 zum größten Teil durch einen Brand zerstört. Zufällig war ich wenige Wochen vor dem Brand dort und konnte so das Foto auf S. 196 machen.

Billwerder Billdeich 570: Diese alte Kate mit geschnitztem Fachwerk und Backsteinzierverband stammt aus dem 17. Jahrhundert. Auch sie steht unter Denkmalschutz.

Hinter dem Haus links an der Einfahrt, etwa 100 Meter von der Straße entfernt, wächst eine große **Eiche**: Umfang fast 4 Meter, Höhe 20 Meter, beinahe 200 Jahre alt. 1975 kürte eine Hamburger Zeitung diesen Baum zum *Symbol des Überlebens*, da vor ihm *sogar die große Flut von 1962 stoppte, die nur bis zu seinem Fuß vordrang*.

Wenige Jahre bevor diese Eiche gesetzt wurde, endete eine wichtige geschichtliche Epoche von Billwerder als Sommerresidenz betuchter Hamburger Bürger. Diese bezogen hier in den ersten Jahrzehnten des 17. Jahrhunderts zahlreiche Sommerwohnungen, die immer vornehmer wurden und zum Teil hochherrschaftliche Gartenanlagen besaßen. Ganz Billwerder war damals von dieser Landhauskultur geprägt. Der große Deichbruch von 1771, die aufkommende Industrie in Billbrook und die steigende Attraktivität der Elbvororte vertrieben die reichen Hamburger Kaufleute aus ihren teilweise luxuriösen Billwerder Sommerresidenzen.

Nr. 544: Direkt an der Straße vor dem Wohngebäude des Bauernhofs steht eine Reihe schöner **Linden**.

Auf der Höhe des Hauses Nr. 438 (Haltestelle Bus 221) steht rechts an der Einfahrt zu einem Bauernhof eine stattliche **Flatterulme** (Umfang 3,80 m).

Gegenüber führt der Boberger Furtweg vorbei an einem schönen Gasthof zu einer für Naturfreunde sehr wichtigen Adresse, dem Naturschutz-Informationshaus Boberger Niederung, Boberger Furt 50. Hier sollten Sie unbedingt Station machen. Sie finden in diesem schönen Gebäude ein nachgestelltes Biotop dieses Landschaftsschutzgebietes und umfangreiches Informationsmaterial. Nehmen Sie auch gleich den kostenlosen Veranstaltungskalender mit, in dem Führungen durch das Gebiet, Naturschutz- und Arbeitseinsätze, Pflegemaßnahmen, Dia-Vorträge und allerlei andere Aktivitäten u. a. auch für Kinder angeboten werden!

Nr. 366: Vor einem strohgedeckten Gutshaus mit Löwenwappen wachsen sechs schöne große **Linden**.

Nr. 330: Zu diesem Haus gehört eine Reihe von acht großen **Linden**.

Kurz bevor Sie zur Kirche St. Nikolai gelangen, werden Sie rechts an der Straße auf das 1899 errichtete Denkmal für den Anschluss an Hamburg im Jahre 1395 in Form einer wuchtigen Granitsäule mit Wappen und Inschriften treffen.

Nr. 140: Die weithin sichtbare Kirche St. Nikolai ist ein reizvolles Gebäude am Übergang der Marschniederung zur Geest. An dieser Stelle wurde übrigens bereits um 1200 eine Kirche erbaut!

Gegenüber der Kirche führt der Billwerder Kirchensteg zur Bille. An seiner linken Seite wachsen zwei auffällige, allein stehende **Eichen**. Die mächtigere weist den respektablen Umfang von 5,20 Metern auf und wurde bereits einmal saniert.

24b Die fünf hohen Linden vor der strohgedeckten Kate

Diese hübsche Kate (Nr. 121) wurde 1750 gebaut. Vor ihr wachsen fünf besonders hohe, alte **Linden**. Wie hier und bei den anderen Bauernhöfen am Billwerder Billdeich gut zu erkennen ist, sind Linden(reihen) vor den Gehöften in den Marschlanden ein bestimmendes und eindrucksvolles Landschaftselement.

Ganz in der Nähe befinden sich zwei weitere Sehenswürdigkeiten:

Nr. 96: Dieses Gebäude ist eines der letzten erhaltenen städtischen Landhäuser, die sich wohlhabende Bürger Hamburgs im 17. und 18. Jahrhundert in dieser Gegend bauen ließen. Weitere Informationen gibt eine Tafel am Gebäude.

Nr. 72: Das Glockenhaus, benannt nach dem Glockendachreiter, ist eines der älteren Landhäuser dieser Gegend. Der älteste noch erhaltene Wohnteil wurde um 1600 errichtet. 1972–1983 wurde das Haus umfassend restauriert.

Seit 1984 ist in dem Glockenhaus das sehenswerte Deutsche Maler- und Lackierermuseum untergebracht (nur geöffnet: sonnabends und sonntags 10–13 Uhr!).

Am Glockenhaus existiert eine interessante Gartenanlage: Ein kleiner Barockgarten mit Buchsbaum-Ornamenten und beschnittenen Eiben soll an die Barockgärten früherer Zeiten erinnern. Im hinteren Teil gibt es einen Nutzgarten mit Gewürz- und Kräuterpflanzen. An der Straße steht eine Gruppe von Linden.

Von der Straßenseite gegenüber grüßen Zeitzeugen alten dörflichen Lebens: zwei alte Scheunen von 1566 und 1649.

Rückfahrt: Bus 330 oder nach ca. 25-minütigem Fußmarsch S-Bahn Mittlerer Landweg.

24a

Linden

Billwerder Billdeich
Billwerder

Linke Seite: Schon vor drei Jahrzehnten waren diese bemerkenswerten alten Linden so hoch (Billwerder Billdeich Nr. 121). Foto: 1970

Echo auf Band I: Kritik, Verbesserungen, Fragen, Ergänzungen

Mit dem Kapiel 24 enden die Rundgänge.

Allen, die mir geschrieben haben, gebührt mein aufrichtiger Dank! Durch Ihre zahlreichen Zuschriften erhielt ich reichlich Lob und Zuspruch sowie viele wertvolle Hinweise.

Stellvertretend für alle positiven Briefe veröffentliche ich den nachstehenden Text des in Hamburg geborenen Schriftstellers Ralph Giordano.

Natürlich gab es auch negative Kritik. Insbesondere bemängelten mehrere Leser/innen die schlechte Qualität der schwarzweißen Fotos der ersten Bücher der ersten Auflage. Völlig zu Recht – leider! Die Technik hatte versagt. Ich bekam das erste Exemplar erst zu Gesicht, als bereits ein Teil fertig gedruckt und gebunden war. Der Fehler wurde schnell behoben. Für einige Bücher war es dann zu spät. Dafür entschuldige ich mich.

Folgende Korrekturen zu Band I möchte ich nachtragen:

S. 44: Es muss heißen Dammtor**damm** anstatt Dammtorstraße.

S. 107: Schnellbus Nr. **39** anstatt 35; der Eingang zum Sola-Bona-Park befindet sich in der Kieler Straße **602** anstatt 102.

S. 181: Im Literaturverzeichnis wäre richtig **Alter**, Helmut anstatt Adler, Helmut.

S. 192 f.: Herr Günter Hesse erstellte eine Liste mit Verbesserungen der lateinischen Namen. Aus ihr zitiere ich folgende:

Die **Atlaszeder** am Lünkenberg ist eine *Cedrus atlantica „Glauca“*

Geläufiger als „Französischer Ahorn“ ist **„Burgenahorn“** *(Acer monspessulanum L.)*

Feldulme = *Ulmus carpinifolia Gled.*

Hängebuche = *Fagus sylvatica L. „Pendula“.*

Ralph Giordano

50968 Köln, den 17.5.98
Berndorffstraße 4
Tel. 0221/3761810
Fax 0221/386186

Sehr geehrter Herr Vieth,

das war eine große und schöne Überraschung, Ihr Buch über "Hamburger Bäume". Ich habe mich gleich tief hineingelesen, und finde es bewunderungswürdig, daß Sie das Wagnis eines Selbstverlages übernehmen, gleichzeitg aber auch bezeichnend, daß sich offenbar für ein so großartiges Buch kein Verleger gefunden hat.

Es steckt darin ja eine lange Forschung, Fachwissen und - Liebe, um dazu zu gelangen, und es graust einen, wie mit diesem Erbe umgegangen wird. Ich sage manchmal, sozusagen stellvertretend im globalen Sinn: In einer Welt ohne den tropischen Regenwald Amazoniens möchte ich gar nicht leben - jede Sekunde geht dort ein Terrain von einem Fußballfeld verloren, und das unwiederbringlich, da sich Regenwald nicht erneuert, wenn er einmal weg ist.

So sieht es denn auch ganz so aus, als sägte sich die Menschheit den ökologischen Ast ab, auf dem sie seit Millionen von Jahren hockt. Es gehört in der Tat viel Optimismus dazu, um nicht zum Pessimisten zu werden.

Noch einmal: Dank für das schöne Buch (in dem ich vieles, vieles wiedererkenne), und alles Gute für Sie und Ihre "Profession" von Ihrem

Ralph Giordano

Echo auf Band I

Kritik und Ergänzungen

Bei einem Baum-Wettbewerb von NDR und Hamburger Abendblatt im Januar 1999 wurden von Experten auf genau 1,30 Meter Höhe bei der **Eiche am Tibarg** ohne den Efeu-Mantel (s. Bd. I, S. 104) „nur" 7,70 Meter Umfang und bei der **Schwarzpappel an der Wandse** (Bd. I, S. 160 ff.) 7,71 Meter Umfang gemessen.

Die ausführlichste Kritik erhielt ich von Jakob Michelsen, seinerzeit Student der Geschichte. Ich zitiere auszugsweise:

Professor Büsch war *am Akademischen Gymnasium ...* (nicht an der Universität, s. Bd. I, S. 48).

... S. 90: Die Verpflichtung, bei Heiraten und Kindstaufen Bäume zu pflanzen, und die Ahndung des unerlaubten Bäumefällens hatten nichts mit ökologischem Denken zu tun. Sie waren vielmehr Ausdruck und Ergebnis der feudalen Besitzverhältnisse – dem Grundherren, in diesem Fall dem St.-Johanniskloster, gehörten auch Wald und Bäume – sowie der sich daraus ergebenden Probleme für die UntertanInnen, welche für vielerlei Zwecke Holz benötigten.

Es ging also um die Verfügung über diesen Rohstoff, darum, wer ihn ausbeuten durfte und um den Versuch der Behebung eines Rohstoffmangels. Außerdem weist Herr Michelsen darauf hin, dass die damaligen Gesetze den Herrschenden erlaubten, mit dem Wald nach Belieben zu verfahren (z. B. auch darin zu jagen, was nicht gerade eine schonende Nutzung war), während gleiches Tun bei den UntertanInnen kriminalisiert wurde. Weiterhin:

... Ein paar kritische Worte hätte ich mir auch zu den diversen Doppeleichen von 1898 gewünscht (S. 105–107, 119–121). Die Parole „op ewig ungedeelt" ist keineswegs „die verkürzte Form eines historischen Ausspruchs" König Christians I., sondern steht als Formel in einem Vertrag dieses Königs mit den schleswigschen und holsteinischen Adligen. Sie war Ergebnis einer bestimmten politischen Machtkonstellation, und das „auf ewig" stellt nicht mehr dar als eine in solchen Dokumenten gängige Floskel. Deutsche Nationalisten haben sie seit dem 19. Jahrhundert für das sehr fragwürdige Konstrukt eines angeblich rein deutschen und staatsrechtlich zusammengehörigen Schleswig-Holstein benutzt. Die Gedenkfeiern von 1898 dienten darüber hinaus der Legitimation preußischer Annexionspolitik sowie des preußisch-deutschen Obrigkeits- und Militärstaates ...

S. 153: Meinerseits muss ich Sie auf eine bedauerliche Fotoverwechslung aufmerksam machen. Der abgebildete Baum ist **nicht**

*Einer der „Elefanten-rüssel" der Eiche im Sola-Bona-Park.
Foto: Herbst 1997*

der Bergahorn im Hirschpark, sondern die wunderschöne Rieseneiche im Sola-Bona-Park!

Da sich beide Bäume von weitem auf den ersten Blick wegen ihrer Größe etwas ähnlich sehen mögen, hat lediglich ein einziger Leser diesen Irrtum gemeldet.

Als „Entschädigung" zeige ich Ihnen auf S. 202 und 203 dieses ungewöhnliche Foto. So sieht der Fotograf die von mir erwähnten „Elefantenrüssel" der Eiche im Sola-Bona-Park (Bd. I, S. 109).

Eine Reihe von **Fragen** wurde an mich herangetragen, wie z. B. mehrfach *Können Sie mit Bäumen sprechen?* oder *Können Bäume untereinander kommunizieren?*

Die erste Frage muss ich leider verneinen. Ich halte es allerdings für möglich, dass (noch!) sensiblere Naturen als ich in irgendeiner Form mit Bäumen sprechen können (s. Bd. I, S. 15 f.). Wir kennen ja Menschen mit dem sprichwörtlich „grünen Händchen", deren Pflanzen wundersamerweise stets prächtig gedeihen. Wahrscheinlich geschieht das nicht zufällig. Vielleicht spüren die Pflanzen, dass sie liebevoll und mit Aufmerksamkeit behandelt werden. Beim Begießen werden sie nicht selten gleichzeitig „be-sprochen".

Die zweite Frage glauben mehrere Forscher bejahen zu können. Tabakpflanzen, so heißt es in „Abenteuer Natur 3/97", können über die Luft ihren Artgenossen signalisieren, dass sie mit dem Tabakmosaikvirus infiziert sind.

Anlässlich der 14. Baumpflegetage in Osnabrück im September 1996 diskutierten 300 internationale Experten darüber, wie sich Bäume unterhalten. Unter anderem wurde dargestellt, dass Akazien in Afrika über gasförmige Hormone ihre Nachbarbäume vor gefräßigen Giraffen warnen könnten.

„Schon wieder wurden bei uns Bäume gefällt!"

Das Kapitel „Echo auf Band I" wäre unvollständig, wenn ich nicht auf die regelmäßigen **Nachfragen** mit folgendem Tenor einginge: *Warum wurde dieser oder jener Baum gefällt?* oder: *Ohne viel Federlesen und unkontrollierbar entfernen die Behörden viel zu viele Bäume!*

Hierzu einige Bemerkungen: Zunächst müssen wir, glaube ich, anerkennen, dass sich die Stadt Hamburg insgesamt intensiv um unsere Bäume kümmert. So ist z. B. die Baumschutzverordnung, nach der kein Baum mit einem Stammdurchmesser über 25 cm in 1,30 Metern Höhe ohne Genehmigung gefällt werden darf, eine positive Hamburger Errungenschaft. Dieser Verordnung verdanken sicherlich zahlreiche Hamburger Bäume ihr Leben.

Zudem ist sicher das Argument häufig stichhaltig, dass Laien meist nicht erkennen können, wenn Bäume krank sind, z. B. unter Pilzbefall und Fäulnis im Stammesinneren leiden.

Außerdem müssen die Verantwortlichen letztlich immer abwägen, ob nicht eine potenzielle Gefährdung von Menschen durch Bäume besteht.

Damit will ich nun keinesfalls obrigkeitsstaatlichen Auffassungen das Wort reden. Ganz im Gegenteil: Demokratie heißt sich einzumischen und der Spruch *Wer sich nicht wehrt, lebt verkehrt* hat nichts an Aktualität verloren.

In den Gartenbauabteilungen sitzen durchaus nicht nur Menschen, die sich für die Bäume mit Herz und Seele einsetzen. In Hamburg wurden nicht selten gesunde oder zu viele Bäume gefällt – wie sich dann später herausstellte. Zu spät und „bedauerlicherweise" – versteht sich!

Regelmäßig liest man in der Presse von Fehlentscheidungen oder Nacht- und Nebelaktionen, die schnell vollendete Tatsachen schaffen, nämlich gefällte – sprich getötete – Bäume. Zahlreiche Fällaktionen sind für die Anwohner nicht nachvollziehbar: es fehlen Aufklärung, erklärende Gespräche und Gedankenaustausch. Wen wundert es, wenn dann von Selbstherrlichkeit, Behördenwillkür oder gar „Umweltvandalismus" seitens der Behörde gesprochen wird?

In den Gartenbauabteilungen sind zweifellos erhebliche Verbesserungen notwendig und möglich. Ungut ist es, wenn nur ein oder zwei Menschen nach undurchschaubaren Kriterien und vielleicht auch manches Mal nach persönlichen Vorlieben über das Schicksal von jahrzehntealten Bäumen befinden. Ungut ist ebenfalls, wenn in Grünausschüssen z. B. Baulöwen, Grundstücksmakler oder Menschen über das Fällen von Bäumen entscheiden, die in erster Linie ihre eigenen Interessen im Auge haben.

Nicht nachvollziehbar ist auch, wenn einzelne Behördenvertreter der Auffassung sind, dass „nicht-deutsche" oder exotische Bäume unbedingt gerodet werden müssen, da sie als „artfremde"

Echo auf Band I

Gefällte Bäume

Gewächse nicht nach Deutschland gehören. Allerdings ist es ebenso stark übertrieben, diese Meinung als „Öko-Faschismus" zu brandmarken – wie in manchen Publikationen geschehen. Tatsache ist, dass einheimische Sträucher und Bäume als Lebensräume für Insekten, Vögel und andere Tiere einen bedeutend höheren ökologischen Wert besitzen als exotische. Folgerichtig sollten einheimischen Gehölzen Vorrang eingeräumt werden. Besonders bei Neuanpflanzung sind unbedingt einheimische Bäume zu bevorzugen, nach dem Motto: Eiche anstatt Ginkgo!

Alte Bäume müssen – auch wenn es exotische sind – wegen ihrer kulturellen Bedeutung und als lebende Persönlichkeiten respektiert werden. Sie sind etwas Kostbares – zumal in der heutigen Zeit! Wir können bei der bestehenden Luft- und Bodenbelastung nicht mehr sicher sein, ob frisch gepflanzte Bäume jemals noch ein Alter von 100 oder mehr Jahren erreichen werden. Auch solche Faktoren müssen in Zukunft stärker berücksichtigt werden.

Es ist zu überlegen, ob engagierte und mit Kompetenzen ausgestattete „Baumbeauftragte" also „Baumanwälte" in den Bezirken ausschließlich für das Wohl und Wehe von Bäumen zuständig sein können.

Viel hängt natürlich vom Interesse und dem Einsatz der Bürger/innen ab. Hier gibt es durchaus auch Erfreuliches zu berichten. Nur ein Beispiel: 1998 wurde die *plötzliche Gesundung* einer etwa hundertjährigen Rosskastanie in der Isestraße (Harvestehude) gemeldet. Der Baum sollte eigentlich zusammen mit anderen *wegen Krankheit* gefällt werden. Diese wundersame Genesung trat allerdings erst ein, nachdem sich eine Gruppe couragierter Menschen – unter ihnen einige Prominente – massiv und lautstark für den Erhalt der schönen Kastanie eingesetzt hatte!

Engagement und Öffentlichkeitsarbeit tun den Bäumen in unserer Stadt offensichtlich gut.

„Tapfere Bäume“

Die folgenden Ergänzungen nenne ich „Tapfere Bäume“ oder „Bäume sind Kämpfer“.

Im Bd. I, S. 175 stellte ich Ihnen den nach meiner Meinung „tapfersten Baum“ Hamburgs vor. Sicher sind auch Ihnen Bäume bekannt, die trotz größter Widrigkeiten und Bedrängungen tapfer weiterwachsen, grünen, blühen und Früchte tragen. Kleine und mittelgroße Hindernisse „überwachsen“ sie einfach. Schauen Sie sich folgende „Kämpfer“ an:

Innen: *Das Alter dieses Pistazienbaumes wird auf einige Jahrhunderte geschätzt. Von allen Seiten wird er bedrängt. Foto: März 1997, kurze Zeit vor dem Ausschlagen. Petra/Jordanien*

Außen:
Fast möchte man sagen: „Guten Appetit!“ Wie ein Tiermaul will diese Esche das Schild verschlingen. Der vollständige Text des Schildes lautet: „Chasse gardée Tenir les chiens en laisse“.
Foto: Mai 1995, Elsass

Oben:
Auch diese alte Esche wird das Schild vielleicht allmählich in ihrem Stamm verschwinden lassen. Das Foto hat eine kleine „historische“ Dimension: Den Baum gab es bereits lange vor der DDR. Das Schild dagegen stammt aus DDR-Zeiten. Foto: 1993, Zingst

Oben:
Ähnlich wie bei der Zingst-Esche darüber verhält es sich mit dieser Birke
Foto: Mai 1995, Vätternsee/Schorfheide

Unten: Die Platane hat im Laufe von Jahrzehnten das Zaungitter überwuchert. 1998 wurde der Zaun unmittelbar neben dem Baum aufgesägt. Foto: Januar 1997, Rothenbaumchausse / Ecke Johnsallee 64 vor dem Restaurant Anadolu

„Tapfere Bäume"

Nun möchte ich Ihnen einige tapfere Bäume aus Hamburg vorstellen, die Sie leicht besuchen können:

Mitte: *Die prächtige Rosskastanie auf dem folgenden Foto dürfte zwischen 100 und 130 Jahren alt sein. Sie tut ihr Bestes, um sich zwischen Haus, Zaun und Bürgersteig zu behaupten (Foto: Mai 1998, Ohlsdorfer Str. 17, etwa 100 m vom Winterhuder Marktplatz entfernt).*

Unten: *Acht stattliche Eichen führen in Bergedorf einen Kampf gegen Gehweg, Bordstein und Straßenpflaster. Eine von ihnen ist hier abgebildet. Sie lässt mich an abgehackte Elefantenfüße denken. Der Wurzelfuß dieser Eiche hat direkt über dem Bordstein eine Breite von fast 3 Metern (Foto: Juli 1997, Reinbeker Weg Nr. 21–35).*

Links: Die alte Feldulme wurde lt. Baumkataster 1848 gepflanzt. 1998 kappte man ihr einige Äste. Sie gehört zu den wenigen großen Ulmen, die noch an Hamburgs Straßen wachsen. Wünschen wir ihr, dass sie noch viele Jahre durchhalten kann!
Wandsbeker Zollstraße 149–151
Foto: November 1995

Unten:
Auch diese Stieleiche will sich nicht von einem Zaun in ihrem Wachstum bremsen lassen.
Foto: April 1997,
Ecke Elbchaussee/Schlagbaumtwiete

Rechts: *Vor etlichen Jahren fiel ein kleiner Birkensamen zwischen Steinplatte und Treppe. Seitdem ist ein kleiner hübscher Baum herangewachsen. Birken sind für ihre Genügsamkeit bekannt. Sogar auf Mauern können sie zu beachtlicher Größe wachsen (Foto: Juni 1997, Grindelhof 59).*

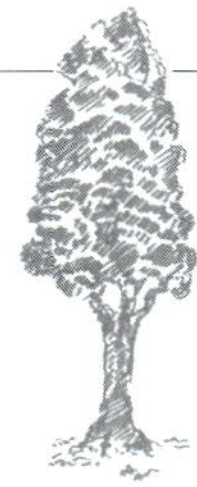

„Tapfere Bäume“

Als weitere interessante Ergänzungen – dieses Mal zum Thema „die ältesten **toten** Hamburger Bäume“ (s. Bd. I, S. 29 f.) – präsentiere ich Ihnen zwei Exemplare:

Eine Tafel vor dem Stamm dieser mächtigen **Rot-Zeder** vor dem Museum für Völkerkunde, Rothenbaumchaussee, gibt einige Erklärungen. Der 12 Meter lange Stamm des 608 Jahre alten Baumes wurde aus dem fernen Kanada unbehauen nach Hamburg transportiert. Viele Menschen haben dem indianischen Künstler David Seven Deers bei seiner Schnitzarbeit zuschauen können. Seinerzeit wurden die beim Schnitzen des wertvollen Holzes anfallenden Späne in Säckchen verkauft. Der Erlös kam den Coast Salish-Indianern zugute. Für dieses Volk war die Errichtung eines Totempfahles von größter Bedeutung, da von ihm seit 150 Jahren kein Totempfahl mehr hergestellt wurde.

Unten:
Dieser Totempfahl vor dem Museum für Völkerkunde wurde aus einer Rot-Zeder hergestellt.
Foto: Januar 1999

Die symbolträchtigen Figuren – innen Tierdarstellungen, v. a. Lachse, außen Menschen – sollen die mythische Herkunft und die Lebensweise der Indianer darstellen. Beide Fotos (s. unten) wurden im Januar 1999 aufgenommen. Die nächtliche Beleuchtung verschafft den Figuren einen geheimnisvollen Glanz.

Unbedingt zu erwähnen ist der **„Hamburg-Baum“**. Sein Stamm (Umfang 3,70 m) gehörte einer abgestorbenen **Eiche** von der Elbchaussee. Der Bildhauer F. Vollert gestaltete diesen 8 Meter hohen Torso, der Theatermasken, Eulen, Schiffe, Kräne und natürlich Hummel, den Wasserträger darstellt. Der neue Standort dieser Baum-Hamburgensie ist auf einer Grüninsel am Eingang zu den Wallanlagen, Millerntorplatz.

Hamburger/innen und ihre Lieblingsbäume

Lieblingsbäume

Zu diesem Thema erhielt ich etliche schöne Zuschriften. Nicht berücksichtigt habe ich Lieblingsbäume wie den Bergahorn und die Blutbuche, beide im Hirschpark, oder die alte Eidelstedter Eiche im Sola-Bona-Park, da ich über sie bereits ausführlich im Band I berichtete.

Für Sie, liebe Baumfreundinnen und -freunde, habe ich jetzt die folgende Auswahl von Lieblingsbäumen getroffen, die für alle Menschen zugänglich sind und somit auch von allen Interessierten in Ruhe betrachtet werden können.

Der Chinesische Blumen-Hartriegel im Hamburg-Haus, Eimsbüttel

Meine Schwägerin Heike Vieth erzählte mir: *Mein Hamburger Lieblingsbaum ist eher ein Bäumchen. Ich arbeite seit 13 Jahren in der Elternschule im Eimsbüttler Hamburg-Haus am Doormannsweg 12. Da ich mit vielen Menschen im pädagogischen Bereich tätig bin, liegt es mir am Herzen, Dinge in der Natur benennen zu können, damit mit ihr bewusster und umsichtiger umgegangen wird.*

Jedes Jahr im Mai/Juni schaue ich aus der 1. Etage auf einen weißen Blütenteppich unter mir im Innenhof. Im September/Oktober erfreuen mein Auge dann die aus den schneeweißen Blüten hervorgegangen roten Früchte, die mich immer ein wenig an Himbeeren erinnern.

Linke Seite, oben: Ein Blick von oben auf das weiße Blütenmeer des Chinesischen Blumen-Hartriegels. Hamburg-Haus, Doormannsweg Nr. 12. Foto: Juni 1998

Linke Seite, unten: Seine hübschen Beeren und herbstlichen Blätter. Foto: Oktober 1998

Kommentar

Hier handelt es sich um zwei **Chinesische Blumen-Hartriegel** (*Cornus kousa var. chinensis Osborn*). Die Stämme dieser etwa 6 Meter hohen „Halbbäume" weisen dicht über dem Boden immerhin einen Umfang von 47 cm und 54 cm auf. Die Blüten – genau genommen sind es keine echten, sondern Scheinblüten – befinden sich über dem Blätterdach, so dass sie von oben betrachtet wie ein weißes Blütenmeer aussehen.

Das Hamburg-Haus wurde 1965 eröffnet. Seitdem spielt es eine wichtige Rolle im öffentlichen Leben Eimsbüttels

wegen seiner sozialen Einrichtungen wie Öffentliche Bücherhalle, Elternschule, Mädchenzentrum und Senioren-Begegnungsstätte. Darüber hinaus ist es bekannt durch die dort stattfindenden zahlreichen Aktivitäten Eimsbüttler Bürger/innen.

Die Innenbegrünung dürfte ebenfalls aus den 1960er Jahren stammen. Somit sind die Bäumchen drei bis vier Jahrzehnte alt. In Hamburg finden Sie gelegentlich Chinesische oder Japanische Blumen-Hartriegel in Grünanlagen. Schöne Bäumchen wachsen auch im Vorgarten der Heilwigstr. 62 (Eppendorf), neben dem Eingang der Heinrich-Hertz-Schule, Grasweg 72 (Winterhude) und vor dem Haus Rodigallee 250/252 (Jenfeld).

Die rote Buche am Eidelstedter Möhlenort

Von Herrn Karl-Heinz Möller aus Eidelstedt erhielt ich folgendes Schreiben: *Mein Hamburger Lieblingsbaum ist eindeutig* ***die rote Buche*** *am Möhlenort, die mich und meine Frau seit langem fasziniert. Über diesen Baum habe ich 1992 nachstehendes Gedicht geschrieben, das damals im Eidelstedter Anzeiger abgedruckt wurde:*

Rote Buche am Möhlenort

Rote Buche am Möhlenort,
sag mir, wie lang schon stehst du dort?
Wer gab dir einmal deinen Platz?
Für Eidelstedt bist du ein Schatz!

Die alte Mühle nebenan,
die ja wie du nicht reden kann,
dreht ihre Flügel längst nicht mehr,
doch du zeigst immer noch was her.

Zum Beispiel deine mächtige Krone,
im Winter quasi „oben ohne",
auch ohne Laub ein Meisterwerk -
dabei warst du doch einst ein Zwerg!

Im März, wenn deine Knospen erwachen,
uns auf den Sommer Hoffnung machen,
träum' ich von deinem roten Dach,
das sich bald zeigt in voller Pracht.
Bis in den späten Herbst hinein
wirst du ein ruhiges Obdach sein
für Amseln, Buchfinken und Meisen,
die fröhlich zwitschern ihre Weisen.

Und wenn das Jahr zu Ende geht,
der Blatt für Blatt zu Boden weht,
sagst du mir wortlos: Denk daran,
im März fängt alles von vorne an!

Karl-Heinz Möller

Lieblingsbäume

Linke Seite:
Die Blutbuche am Eidelstedter Möhlenort.
Foto: Mai/Juni 1996

Oben:
Die Magnolie aus der Vogelperspektive: Wie in einem überdimensionalen Blumentopf.
Foto: April 1999

Mitte:
Aufrecht wie Kerzen stehen die rosafarbenen Blütenknospen kurz vor dem Aufgehen.

Unten:
Ein Blick in das Innere der Blüte.

Kommentar

Diese hübsche Blutbuche können Sie nicht verfehlen. Wenn Sie von der Reichsbahnstraße in den Möhlenort einbiegen, steht sie auf der rechten Seite neben der Straße.

Der Baum wurde um 1865 von einem Mitglied der Familie Lampé gepflanzt, nach der übrigens die Lampé-Straße benannt wurde. Die schönen Feldsteine um seine Wurzeln dürften auch aus jener Zeit stammen.

Im Verlauf der Umgestaltung des Flüsschens Mühlenau (in den Jahren 1996/97) und der Wohnbebauung wurde zumindest auf diese alte Buche größte Rücksicht genommen.

Das Rumpfgebäude der in dem Gedicht erwähnten *alten Mühle nebenan* steht heute noch. Ursprünglich sollte sie als Wassermühle an der Mühlenau arbeiten. Da das Wasser jedoch nicht ausreichte, wurde sie als Windmühle erbaut. Ende der 1930er Jahre traf ein Blitzschlag die Mühlenflügel.

Die Magnolie auf dem Bürgersteig in Eppendorf

Frau Sylvia Bornkessel schrieb mir:

Ich wohne seit 11 Jahren in Eppendorf. Vielleicht bin ich ja ein wenig lokalpatriotisch geworden, aber mein Lieblingsbaum ist eindeutig die ***Magnolie*** *vor dem Haus Eppendorfer Landstraße 59. Welch eine Blütenpracht im Vorfrühling! Und ist es nicht außergewöhnlich, dass dieser hübsche Baum wie in einem überdimensionalen Blumentopf mitten auf dem Bürgersteig steht?!*

Die Birke in Meiendorf und die fünf Lindenbäume

Für Frau Helga P. Wessel ist der Lieblingsbaum eine **Birke**, der sie das auf der folgenden Seite abgedruckte Gedicht widmete.

Frau Wessel ergänzt: *Diese Birke steht zwischen der Lehárstraße und der Ringstraße in Richtung Volksdorfer Wald auf einem so genannten Parkstück. Sie steht allein und kann sich gut entfalten. Manchmal, wenn keiner zuschaute, habe ich sie ganz schnell mal umarmt.*

Mein Freund der Baum

Es steht eine Birke rank und schlank –
sie steht allein auf weiter Flur
und trotzt den Launen der Natur.
Ich empfinde großen Dank
für diesen wunderschönen Baum
und manchmal seh' ich ihn im Traum
…
Wenn mir steht danach der Sinn
wandere ich einfach zu ihm hin –
und sage ihm: „Ich hab' dich lieb!
Es freut mich sehr, daß es dich gibt!"

Helga P. Wessel

Duftende Lindenbäume

Im Juli blühen die Lindenbäume –
ein unbeschreiblich süßer Duft
steigt in die laue Sommerluft –
ich stehe da und träume …

und in den Zweigen ein Gesumme
von vielen Bienen ein Gebrumme,
sie hängen in den Blütendolden
und sammeln Nektar ein, den holden.

Helga P. Wessel

Links:
Die vierzigjährige Douglasie,
gemalt von Gerda L. Hein-Kalle

Auch für Frau Irmgard Maria Schwenn ist der liebste Baum die **Birke**. Sie schreibt mir dazu: *Meine Kinder sagen: „Wenn Mutti stirbt, verwandelt sie sich in eine Birke." Was gäbe es Schöneres?*

Frau H. P. Wessel führt zu ihrer oben beschriebenen Lieblingsbirke noch Folgendes aus: *In der Nähe meiner Birke stehen 5 kleine aber schön gewachsene* ***Lindenbäume****, die im Juli ganz wunderbar duften und reichlich von Bienen besucht werden. Von ihnen pflücke ich mir einmal im Jahr einige Lindenblüten ab, von denen ich im Winter einen Tee aufgießen kann. Auch zu ihnen einige passende Zeilen* (Auszug, s. Seite 218).

Die Douglas-Tanne von Neugraben-Fischbek

Zu dem Bild links unten schreibt die Malerin Gerda L. Hein-Kalle:

Seit 1965 wohne ich mit meiner Familie in einem Reihenhaus im Ortsteil Neugraben-Fischbek (Scheideholzweg). Zu der Zeit hatte die neu erbaute Reihenhaussiedlung die bäuerliche Landschaft, die es hier vorher gab – Gehöfte, Getreide- und Rübenfelder, Bauerngärten – verdrängt.

In den ersten Jahren waren alle Bäume und Büsche noch klein; so fiel mir die ***Douglas-Tanne*** *gegenüber im Nachbargarten nicht weiter auf. In den dann folgenden Jahren wuchs sie unglaublich schnell.*

Es ist die gewaltigste und schönste Tanne in der ganzen Siedlung! Als der Baum 1965 von unserer Nachbarin gepflanzt wurde, war er acht Jahre alt und 180 cm hoch.

Ich freue mich täglich über den Baumriesen. Da ich seit 17 Jahren male, bekam ich Lust, dieses herrliche Exemplar zu zeichnen, damit auch andere Menschen ihn bestaunen und sich über ihn freuen können.

Wie hoch er wohl noch werden wird?

Kommentar

Douglas-Tannen werden ebenfalls als Douglas-Fichte oder Douglasie bezeichnet. Sie ist eigentlich weder Tanne noch Fichte, sondern eine spezielle Zwischenform. Der Name geht auf den schottischen Botaniker Douglas zurück.

Es gibt mehrere Douglasien-Arten. Die meisten kommen aus dem westlichen Nordamerika. Das Douglasienholz ist wegen

Links: Wie ein schlanker Baum rankt der Wilde Wein hoch bis zum Dach des Postgebäudes. Foto: Oktober 1996

Unten: Über dem hübschen Eingang zeigt der Wilde Wein links den ausklingenden Sommer und rechts den beginnenden Herbst an. Foto: Herbst 1996

seiner Festigkeit und Elastizität sehr geschätzt. Wenn Sie die Nadeln aneinander reiben, so strömen sie einen frischen Geruch nach Zitrone aus.

Diese Baumart ist in der Tat sehr schnellwüchsig. In ihrer Heimat kann sie über 80 Meter hoch werden.

Bis 1990 war der höchste Baum Hamburgs bzw. vor Hamburgs Toren eine Douglasie (Eißendorfer Revierförsterei, 50 m hoch, 3,75 m Umfang). Dann halbierte der Orkan Wiebke den Riesen.

Der höchste Baum Deutschlands soll ebenfalls eine Douglasie mit einer Höhe von ziemlich genau 60 Metern sein. Sie wächst bei Eberbach am Neckar.

Der baumhohe Wilde Wein in der Schlüterstraße (Rotherbaum)

Frau L. aus dem Stadtteil Rotherbaum teilt mir Folgendes mit:

Mein Lieblings„baum" ist der **Wilde Wein** *am ehemaligen Postamt 13 in der Schlüterstraße 51–55. Die riesigen Pflanzen sind zwar keine richtigen Bäume, aber sie erreichen oder übertreffen gar deren Höhe. Ihre kräftigen Stämme sind durchaus mit denen junger Bäume zu vergleichen.*

Im Herbst ist die gesamte schöne Fassade des Gebäudes mit einem roten „Wandteppich'" bedeckt. Eine schiere Augenweide und ein beliebtes Fotomotiv für viele Menschen in diesem Stadtteil.

Kommentar

1901 erwarb die Reichspostverwaltung vom hamburgischen Senat an dieser Stelle einen 11.430 qm großen Bauplatz. Nachdem 1881 das Telefon in Hamburg eingeführt wurde, entstand hier das Fernmeldeamt 1 und später das Postamt Hamburg 13. 1908 nahm die Fernvermittlungsstelle ihren Betrieb auf.

Das mächtige Gebäude repräsentierte die Kaiserliche Reichspost und die neue Kommunikationstechnik. Die Erbauer sollen von der ehemals westpreußischen Marienburg inspiriert worden sein.

Es lohnt sich, die abwechslungsreiche Fassade besonders über dem Eingang näher in Augenschein zu nehmen.

Ob der Wilde Wein bereits 1908 gepflanzt wurde, ist nicht sicher. Gewiss ist er jedoch weit älter als ein halbes Jahrhundert. Ich maß mehrere Stammumfänge von 60–65 cm.

Die „weibliche" Kopfweide in den Elbmarschen

Frau L. Blome berichtet:

Ich habe mehrere Lieblingsbäume in Hamburg, aber da ich meistens in den Elbmarschen spazieren gehe, bin ich fast auf die ***Kopfweiden*** *spezialisiert, da selbst abgestorbene Bäume wie herrliche Plastiken dastehen.*

Ich lege ein Foto einer Kopfweide bei, auf dem unschwer zu erkennen ist, dass die weibliche Identifikation bei meiner Motivsuche eine Rolle spielt.

Kommentar

Bäume...
haben häufig etwas Erotisches an sich ...
So beginnt ein Kurzgedicht von Gerhard Meier. –

Quod erat demonstrandum.

Die „weibliche" Kopfweide vor den Toren Hamburgs.
Foto: Winter 1997 in Haseldorf

Ernchens Eichen in Fuhlsbüttel

Frank Lünzmann schreibt mir: *Meine Lieblingsbäume in Hamburg sind: „Ernchens Eichen“.*

***Ernchens Eichen** haben für mich einen hohen emotionalen Wert. Meine Mutter Erna pflegte diese kleine Eichengruppe auch im hohen Alter noch regelmäßig zu besuchen. Sie fragte die Menschen, die am Flughafenzaun gebannt auf die fliegenden Wunder der Technik schauten: „Aber haben Sie denn schon das **Naturwunder** direkt hinter sich gesehen?“ Den verblüfften Zaungästen zeigte sie dann immer „ihre“ Eichen mit dem kleinen Wunder: Der Ast einer Eiche verschwindet in dem Stamm der Neben-Eiche* (siehe Foto unten).

Kommentar

Die 1996 verstorbene Erna Lünzmann war sehr aktiv und bekannt als ehrenamtliche Kinder- und Jugendleiterin bei der Volksheimjugend Fuhlsbüttel und im Jugendpark Langenhorn. Sie hat Hunderte von Hamburger/innen durch ihre Hinweise auf das kleine Naturwunder erfreut.

Wie finden Sie dorthin? Vom Krohnstieg oder der Langenhorner Chaussee fahren Sie bis zum Ende der Holtkoppel. Deren Ver-

Der Ast von Ernchens Eichen, der von einem Baum in den anderen hineinwächst.
Foto: Januar 1999

längerung ist eine große Brücke, die im Bogen direkt bis zu den Eichen führt. Am Flughafenzaun steht deutlich die Nr. 33 (Torbezeichnung). Vor der Einfahrt befindet sich eine Gruppe von zehn kleinen bis mittelgroßen Eichen. Von dem dicksten Baum (1,38 m Umfang) wächst in 0,80 Meter Höhe ein armdicker Ast in den zweitdicksten Baum.

Wie wird sich dieser seltsame Wuchs in den nächsten Jahrzehnten weiterentwickeln?

Am Rande: Hier ist ein Lob für die Bauleitung der UFU (Umgehungsstraße) angebracht, da sie für den Erhalt dieser Baumgruppe sorgte!

Je nach Mobilitätsgrad könnten Sie zusätzlich noch einem stattlichen Baum, der **„Langenhorner Friedenseiche"**, einen Besuch abstatten, an dem täglich Tausende von Autos achtlos vorbeirasen. Sie finden diese wenig beachtete und doch so schön gewachsene Eiche gegenüber der Nr. 166 der Langenhorner Chaussee, dort, wo die Tangstedter Landstraße in sie einmündet.

Vor dem Baum (Umfang 4,24 m) liegt ein kleiner Findling mit der zu erratenden, kaum entzifferbaren Inschrift 1870/71. Auf Sichtweite befindet sich die Gaststätte „Zur Eiche", in der Sie ein Foto betrachten können, das die „Langenhorner Friedenseiche" im Jahre 1912 zeigt.

Der Schöne vom Schlump: Dieser Trompetenbaum ist der Liebling vieler Hamburger/innen

Gleich mehrere Menschen versicherten mir mündlich, dass ihr Lieblingsbaum mit Abstand der wunderschöne **Trompetenbaum** *(Catalpa)* vom Schlump / Ecke Grindelallee sei.

Kommentar

Ich habe diese Schönheit im Sommer 1998 neu fotografiert und stelle Ihnen hiermit das Prachtexemplar im Großformat vor (Foto s. nächste Doppelseite). Trompetenbäume stammen aus dem Südosten der USA. Sie gehören zu den Baumarten, die sich als letzte begrünen, nämlich erst im späten Frühling.

Nach meinen Recherchen ist dieses Exemplar von allen großen Hamburger Trompetenbäumen das schönste!

Er wurde um 1950 gepflanzt (vgl. Foto von 1946/47, Bd. I, S. 54, auf dem die Grünfläche **ohne** Trompetenbaum zu sehen ist. Weitere Einzelheiten zu dem Baum Bd. I, S. 34 u. 53–55).

Nachwort und Ausblick

Ein kleines Nachwort und Ausblick

Ich habe mich bemüht, Ihnen möglichst viele bemerkenswerte **Hamburger Bäume** vorzustellen. Es mag natürlich sein, dass Sie den einen oder anderen Baum vermissen, der **Ihnen** lieb und teuer ist. Ich bin aber sicher, dass Sie durch dieses Buch vieles kennen lernen werden, an dem Sie bisher achtlos vorbeigegangen sind. Im Prinzip ist ein drittes Buch zu diesem Thema geplant, das noch nicht erwähnte bemerkenswerte Bäume besonders in Hamburgs weiterer Umgebung vorstellen wird. Für Hinweise bin ich immer dankbar!

Leider konnte ich u. a. den gesamten Harburger Raum nicht mehr berücksichtigen. Als kleinen Trost für die Harburger/innen zeige ich auf der Umschlag-Rückseite eine besonders hübsche Rotbuche im Raureif. Umfang: 4,30 Meter, Krone 27 Meter. Standort: Alvesen, ganz in der Nähe des Wildparks Schwarze Berge. Foto: Januar 1996.

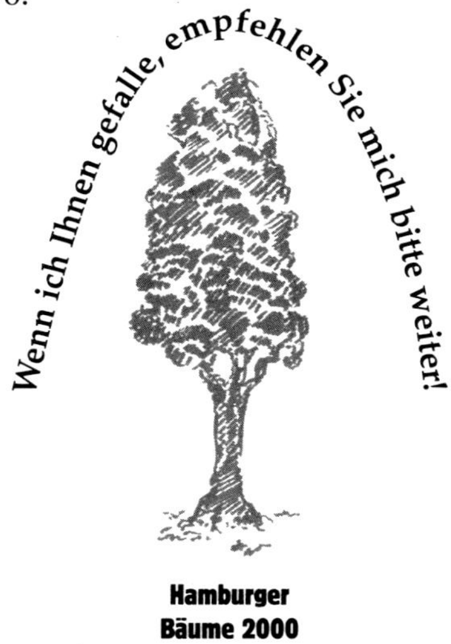

Der sechzigjährige Trompetenbaum in voller Schönheit. Foto: Sommer 1998* *(Text S. 224)*

** Dieses Foto ist beim Autor als Postkarte erhältlich.*

Die Rätselseite

1. Dieses Foto vom Oktober 1996 zeigt:
a) welche Baumart?
b) in welcher Straße (erweiterter Innenstadtbereich)?

2. Das Kastanien-Fragezeichen möchte von Ihnen wissen:
Von welchen Bäumen sind die Blätter mit den Nummern 1–9?
(zur Nr. 5 gehört der Dorn).

Die Auflösung finden Sie auf der übernächsten Seite.

Literaturverzeichnis

Verwendete und weiterführende Literatur

Ausstellungswerkstatt St. Georg / Museum für Kunst und Gewerbe Hamburg: St. Georg – Vorstadt und Vorurteil, Hamburg

Bärenfänger, Hermann / Zapf, Michael: Barmbek im Wandel in alten und neuen Bildern, Hamburg 1995

Behr, Karin von / Kluyver, Urs: Die Walddörfer. Volksdorf, Bergstedt, Wohldorf-Ohlstedt, Hamburg 1996

Behr, Karin von: Migges grüner „Spielpark" gefährdet, in: Hamburger Abendblatt v. 10. 4. 1991

Ebeling, Helmut: Schwarze Chronik einer Weltstadt, Hamburg 1980

Ehlers, Herwyn: Gärten und Parks in Norddeutschland, Hamburg 1994

Fitschen, Jost: Gehölzflora, Heidelberg, Wiesbaden 1994

Franke, G. / Saloch, R. / Thiele, D.: Bauer Eggers Linden stehen noch, Geschichtswerkstatt Barmbek e. V., Hamburg 1986

Glasau, Dr. F.: Das Arboretum „Park Marienhof" in Hamburg-Poppenbüttel, in: Jahrbuch des Alstervereins, Hamburg 1972

Griem, Adolf: Die Geschichte des Saselhofes, in: Jahrbuch des Alstervereins, Hamburg 1951

Heesch, Margot: Dendrologischer Rundgang durch den Hamburger Stadtpark, Hamburg 1978 (Manuskript für den Botanischen Verein zu Hamburg e. V.)

Hesse, Frank P.: Öffentlicher Garten in Fuhlsbüttel. Ein Reformbeitrag von Leberecht Migge, in: Was nützet mir ein schöner Garten … Hamburg 1990

Heydorn, V. D.: Rund um den Krähenberg, Sonderdruck aus: Blankenese, Zeitschrift des Blankeneser Bürger-Vereins, Hamburg 1985

Hipp, Hermann: Freie und Hansestadt Hamburg, DuMont Kunst-Reiseführer, Köln 1996

Kloebe, W., Obladen, M., Schulz, K.: Projekt Mellingburger Alster-Schleife. Gruppe Alstertal des Naturschutzbundes Deutschland, Landesverband Hamburg, Hamburg 1998

Mietergemeinschaft Steilshoop: Die alten Eichen stehen noch (Sammelband), Hamburg 1983

Mitteilungen der Bundesforschungsanstalt für Forst- und Holzwirtschaft Hamburg, Nr. 181: Das Arboretum Hamburg-Lohbrügge, Hamburg 1995

Nath-Esser, Martina (Hrsg.): Gärten und Parks in Hamburg. Hamburg Grün, Hamburg 1998

Phillips, Roger: Der große Kosmos-Naturführer: Bäume, Stuttgart 1998

Plagemann, Volker: Kunst in Hamburg. Ein Führer durch den öffentlichen Raum, Hamburg 1997

Plagemann, Volker: Vaterstadt, Vaterland, schütz' Dich Gott mit starker Hand. Denkmäler in Hamburg, Hamburg 1986

Rhein, Eduard: Der Jahrhundertmann, Wien 1990

Rosenfeld, Angelika: Sasel. Ein Stadtteil hat Geschichte. Hamburg

Rosenfeld, Angelika / Fraatz-Rosenfeld, Th.: 650 Jahre Poppenbüttel – Spaziergänge in die Vergangenheit, Hamburg 1986

Schubert, Uwe / Ehlers, Dr. J.: Die Walddörfer im Wandel in alten und neuen Bildern, Hamburg 1991

Seemann, Agnes: Bergedorf – Lohbrügge, Denkmaltopographie Bundesrepublik Deutschland, Bezirk Bergedorf, Stadtteilreihe 6.2, Hamburg 1997

Sehrer, Henri: Eichen als Zeugen alter Flurgrenzen in Klein-Borstel, in: Jahrbuch des Alstervereins e. V., Hamburg 1960

Skrentny, Werner: Eppendorf 1860–1945, Bremen 1998

Sparmann, Friedrich: Bergstedt – Die 850jährige Geschichte eines Kirchspieldorfes, Hamburg 1973

Sparmann, Friedrich: Bergstedt und seine Bäume, in: Jahrbuch des Altervereins Bd. 24, Hamburg 1940

Uhlig, Lieselotte: Was die Bäume vom alten Hummelsbüttel erzählen, Hamburg 1996, (erhältlich nur direkt bei der Autorin L. Uhlig, Gösselkoppel 46, 22339 Hamburg)

Zeitmagazin, Nr. 20 v. 9. 5. 1986: Da muss der Chirurg ran.

Auflösung der Rätselseite

1a Gleditschie

1b Von-der-Tann-Straße,
Eimsbüttel

2. 1. Tulpenbaum
2. 2. Spitzahorn
2. 3. Roteiche
2. 4. Bergahorn
2. 5. Gleditschie
("Christusdorn")
2. 6. Silberahorn
2. 7. Edelkastanie
(Esskastanie)
2. 8. Ginkgo
2. 9. Eberesche
(Vogelbeere)

Einige Adressen – besonders in Hamburg

Arboretum (Baumgarten) Ellerhoop-Thiensen im Kreis Pinneberg. Gartenparadies – Botanische Sammlungen – Naturlehrpark Thiensen 17, 25373 Ellerhoop, Tel.: 0 41 20/2 18; Fax: 0 41 20/90 99 81, im Sommer durchgehend geöffnet

Arboretum Lohbrügge, Leuschnerstr. 91, 21031 Hamburg, Tel.: 040/7 39 62-1 (Bundesforschungsanstalt für Forst- und Holzwirtschaft)

Arboretum Marienhof. Poppenbüttler Markt 10, 22399 Hamburg, Besuch nach tel. Anmeldung: 040/6 02 25 84, (Di. u. Do. 9–12 Uhr) oder 040/6 06 29 00

Baumschulmuseum (Geschichte und Kultur der Baumschulen) Bahnhofstr. 13, 25497 Prisdorf, Tel.: 0 41 01/20 59 21/25 oder 0 41 01/7 64 46; Fax: 0 41 01/20 59 33, Öffnungszeiten: Mai–Oktober

Baumschutz s. Gelbe Seiten, S. 148 (Journal)

Baumschutzinitiative Hannover, Tel.: 05 11/70 44 57. Informationen auch über: www.baumschutzinitiative.de

Botanischer Verein zu Hamburg, Op de Elg 19a, 22393 Hamburg, Tel.: 040/6 01 60 53, Fax: 6 00 71 60

BUND (auch Kinder- und Jugendgruppen), Landesgeschäftsstelle, Lange Reihe 29, 20099 Hamburg, Tel.: 040/24 44 11, Fax: 040/2 80 19 46

Deutscher Jugendbund für Naturbeobachtung (DJN), Justus-Standes-Weg 14, 22337 Hamburg, Tel.: 040/50 67 64

Gesellschaft der Freunde des Botanischen Gartens Hamburg e. V., Hesten 10, 22609 Hamburg. Tel.: 040/82 29 31 61; Fax: 040/82 29 31 65

Greenpeace e.V., Vorsetzen 53, 20450 Hamburg, Tel.: 040/3 11 86-0 sowie Schlüterstr. 81, 20146 Hamburg, Tel.: 040/4 10 49 42

Grüne/GAL, Landesgeschäftsstelle, Bahrenfelder Str. 244, 22765 Hamburg, Tel.: 040/39 15 78, Fax: 040/3 90 46 62

NABU, Naturschutzbund Deutschland e. V. (auch Jugendgruppen; Buchladen), Habichtstr. 125, 22307 Hamburg, Tel.: 040/61 66 64 u. 69 70 89-0, Fax: 040/6 90 10 30

Naturschutz und Landschaftspflege, Billstraße 84, 20539 Hamburg, Tel.: 040/4 28 45-39 18/39

Rettet den Regenwald e. V., Pöseldorfer Weg 17, 20148 Hamburg, Tel.: 040/4 10 38 04, Fax: 040/4 50 01 44

Robin Wood e. V., Nernstweg 32, 22765 Hamburg, Tel.: 040/3 90 95 56

Schutzgemeinschaft Deutscher Wald (auch Waldjugend Hamburg e. V.), Lokstedter Holt 46, 22453 Hamburg, Tel.: 040/58 69 27, Fax: 040/58 79 52

Stiftung Naturschutz Hamburg / Stiftung zum Schutz gefährdeter Pflanzen, Steintorweg 8, 20099 Hamburg, Tel.: 040/24 34 43, Fax: 040/24 31 75

Umweltbehörde, Billstraße 84, 20539 Hamburg, Tel.: 040/4 28 45-0

Umweltberatung/Umwelttelefon einschl. Schadensmeldungen, Broschürenabgabe, Tel.: 040/34 35 36

Umweltberatung der Verbraucherzentrale Hamburg e. V., Kirchenallee 22, 20099 Hamburg, Tel.: 040/2 48 32-2 60

Umwelt- und Naturschutz, div. Hamburger Organisationen, s. Gelbe Seiten S. 42 f. (Journal)

Umweltschutz: zahlreiche Tipps, Hinweise, Organisationen, Firmen s. Gelbe Seiten, ab S. 80 (Journal)

Bäume pflanzen (lassen)

Fragen Sie bei den Revierförstereien oder den Bezirksämtern (Gartenbauabteilungen) nach Pflanzmöglichkeiten.

Interessierte Baumspender können sich beispielsweise an die Gartenbauabteilung des Bezirksamtes Eimsbüttel wenden. Kontakt: Herr Bußmann-Kuban, Tel.: 040/4 28 01-34 56 oder Fax: 040/4 28 01-27 84. Hier sind auch Kleinstspender für Baumpflanzungen willkommen. Die Spenden werden zusammengefasst. Je nach Anzahl der Spender werden die Bäume in bestimmten „Spendenstraßen" gepflanzt. Bei Spenden ab DM 250,– wird der Name des Spenders auf Wunsch auf einer Baumplakette angegeben.

Bäume pflanzen (lassen)

BUND, Freunde der Erde, Im Rheingarten 7, 53225 Bonn, Tel.: 02 28/4 00 97-0, Fax: 02 28/4 00 97 40, Projekt „Zukunftswald 2000", Frau B. Praetorius oder BUND Hamburg, Lange Reihe 29, 20099 Hamburg, Tel.: 040/24 44 11, Fax: 040/2 80 19 46

NABU (Naturschutzbund Deutschland e. V.), Habichtstr. 125, 22307 Hamburg, Tel.: 040/69 70 89-0. Aktion „Lebendiger Wald"

Schutzgemeinschaft Deutscher Wald, Lokstedter Holt 46, 22453 Hamburg, Tel.: 040/58 69 27

Im Ausland:

Für Israel: Jüdischer Nationalfonds e. V., KKL, Liebigstr. 24, 60323 Frankfurt/M., Tel.: 069/97 14 02-0, Fax: 069/97 14 02-25

Für Namibia: Verein Bäume für Menschen – Trees for the World e. V. - Rathausplatz 6, 82362 Weilheim i. Oberbayern, Tel.: 08 81/80 01, Fax: 08 81/81 11. Information: u. a. www.baeume.de. Dieser Verein baut in Nordwestnamibia ein Netzwerk von Baumschulen auf, um einen Beitrag zur Wiederaufforstung Namibias zu leisten.

Bildnachweis

Artus, Heidrun: S. 106
Behrend, Heinz (Gemälde): 57 rechts oben (abfotografiert von H. Vieth)
Behrmann, Sigrid: 152 oben links, 152 unten
Blome, Lieselotte: 148, 222
Brackrock, Carola: 124 unten
Conrad, Uwe (Gera): 92
Délicourt, Françoise: 26 oben, 76/77
Dettmann, Karl: 192
Dunsing, Volker: 83 gr. Foto
Edler, Kurt: 138
Eichler, Horst: 100 links unten (Zeichnung)
Hamburger Echo: 102 unten
Hamburger Montags-Blatt: 102 Mitte
Hein-Kalle, Gerda L.: 218 unten
Helm Günther: 198
Kock, Stefan: 62 unten
Luckner, Graf Ferdinand von: 38 oben, 60 kl. Foto, 90, 128, 140, 144, 146
Mac Lean of Coll, Frau: 93, 216
Magdeburger Volksstimme: 10
Markwart, Siegmund L.: 195 links
Mulsow, Ronald: 168 links, 174 gr. Foto, 176
Museum für Post und Kommunikation, Hamburg: 64 oben
Nill, Dietmar: 38 unten, 126, 133, 187
Reutter, Nils, für den BUND (Postkarte): 12
Rix, Walter: 186
Ruhnau, Günther: 95
Rüss, Wolf-Dieter: 98
Samsz, Richard: 86
Sander, Barbara: 100 oben, 118
Schlegel, Günther H.: 36 unten, 88, 106 oben, 112 unten, 116 unten
Schmidt, Margot: 160, 163, 180, 237
Schrage-Aden, Peter: 208 Mitte
Schulz, Knud: 56 unten, 166
Schwartz, Michael: 48/49
Uexküll, Carl-Michael von: 107
Vieth, Julian: 170/171 unten
Wallocha, Stephan: 202/203
Wessel, Helga P.: 218 oben
Wilsdorf, Peter: 188, 194 die beiden oberen Fotos, Rückseite des Buches

Unbekannter Autor: 108

Alle anderen Fotos vom Autor Harald Vieth

Bildnachweis und Register

Register

Baum-, Sach- und Personenregister

Ein letztes Foto – speziell für *Sie*

Sowohl die Magnolie als auch die Linden mit einem Hauch von erstem Frühlingsgrün sind über 100 Jahre alt. Ort: Nähe des Eingangs zum Arboretum Marienhof in Poppenbüttel. Das Foto wurde Anfang der 1980er Jahre gemacht – die Bäume sind dort heute noch zu bewundern!

Vom selben Autor

Hamburger Bäume – Zeitzeugen der Stadtgeschichte (1995)
17 Spaziergänge zu 70 alten oder geschichtsträchtigen hanseatischen Bäumen.

200 Seiten, davon 160 Fotos, die Hälfte in Farbe, Euro 21,47 (DM 42), ISBN 3-930961-95-4. In diesem ersten Band werden **andere** Bäume in **anderen** Stadtteilen als in „Hamburger Bäume 2000" vorgestellt.

Beide Bücher bilden zusammen **das** aktuelle Standardwerk zu Hamburgs Bäumen!

Harald Vieth
Hamburg 1994
(reprint books on demand)

Hier lebten sie miteinander …
in Harvestehude-Rotherbaum

Schicksale zahlreicher **jüdischer** Menschen im Grindelviertel bis 1945 …
… auf den Spuren prominenter ehemaliger Bewohner dieses Stadtteils wie Gustav Mahler, Carl von Ossietzky, Martin Haller.
192 Seiten, 130 s/w-Fotos, 35 Dokumente, Euro 16,87 (DM 33).

Beide Bücher sind erhältlich bei
H. Vieth, Hallerstr. 8^{II}, 20146 Hamburg,
Tel.: 040/45 21 09, Fax: 040/45 03 94 76;
bei Postversand zuzüglich Euro 1,5–2 (DM 3–4)
für Porto/Verpackung.

Danksagung

Mein herzlicher Dank als Autor und Verleger gilt den drei nachfolgend vorgestellten Sponsoren, die mir freundlicherweise einen Teil der erheblichen Herstellungskosten abnahmen.

HANSEATISCHE NATUR- UND UMWELTINITIATIVE

Am Sandtorkai 4 • 20457 Hamburg
Telefon 040/3 61 23-0 Telefax 040/3 61 23-4 00

STIFTUNG NATURSCHUTZ HAMBURG
UND STIFTUNG ZUM SCHUTZE
GEFÄHRDETER PFLANZEN

Geschäftsstelle:
Steintorweg 8 • 20099 Hamburg
Telefon 040/24 34 43 Telefax 040/24 31 75

Bäume bedürfen unserer besonderen Fürsorge und Pflege,
daher kranke und alte Bäume nur in die Hände des Spezialisten!

Baumpflege Uwe Thomsen • Gartenbau-Ing., öbV.
Wedeler Weg 178 • 25421 Pinneberg
Telefon 0 41 01 / 6 74 77 • Telefax 0 41 01 / 6 62 81

Außerdem danke ich den vielen Hamburgerinnen und Hamburgern für ihre Hinweise auf interessante Bäume oder für anderweitige Unterstützung.

Platz für Ihre persönlichen Notizen